THEATRE
DE CAMPAGNE

THÉATRE

DE CAMPAGNE

Eugène Labiche — Gustave Droz
Edmond Gondinet — Henri Meilhac
Ernest d'Hervilly — André Theuriet
Le comte Sollohub

DEUXIÈME SÉRIE

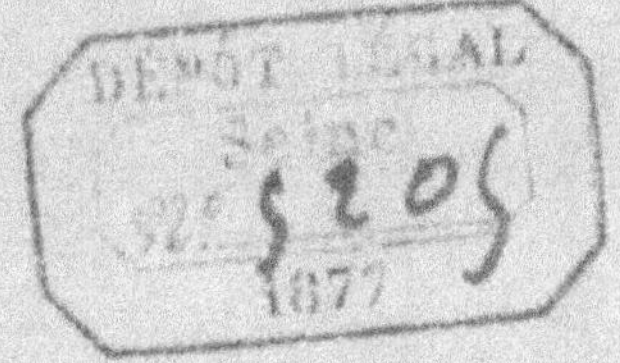

PARIS

PAUL OLLENDORFF, ÉDITEUR

28 bis, RUE DE RICHELIEU

1877

Tous droits réservés

LA LETTRE CHARGÉE

Fantaisie en un Acte

Par M. EUGÈNE LABICHE

PERSONNAGES

HORTENSE, jeune veuve.

FRANCINE, femme de chambre.

FOUGASSON, Américain.

HECTOR DE COURVALIN, substitut.

LA LETTRE CHARGÉE

Un salon, chez Hortense, à Paris.

SCÈNE PREMIÈRE

HECTOR, HORTENSE.

(Au lever du rideau, Hector dort béatement dans un fauteuil en face
d'Hortense qui lui fait la lecture.)

HORTENSE, lisant.

« Poëte, prends ton luth et me donne un baiser ;
« La fleur de l'églantier sent ses bourgeons éclore ;
« Le printemps naît ce soir ; les vents vont s'embraser ;
« Et la bergeronnette, en attendant l'aurore,
« Aux premiers buissons verts commence à se poser.
« Poëte, prends ton luth,.....
    (*S'arrêtant et regardant Hector*) Tiens ! il dort ! (*Se levant,
au public*) Je vous présente mon prétendu, Monsieur
Hector de Courvalin, substitut au tribunal d'Orléans... il a
demandé un congé de quinze jours pour venir me faire sa
cour. (*Le montrant*) Le voilà !... il n'aime pas beaucoup
les vers.

HECTOR, sans se réveiller.

Charmant !... charmant !

HORTENSE

Il croit que je lis toujours... Puisqu'il dort, parlons de
ses défauts... Il a... comment dirai-je?... il a une infir-
mité... oh! pas grave!... mais agaçante!... Il fourre dans
toutes ses phrases des adverbes qui n'en finissent pas...
Hier, il en a développé un d'une longueur... in-com-
men-su-ra-ble-ment! J'ai failli en sauter par la fenêtre!

HECTOR, sans se réveiller.

Délicieux!... délicieux!...

HORTENSE

Oui. (*Se tournant vers lui*)

   Poète, prends ton luth......

(*Au public*) C'est du reste un excellent cœur, complaisant, dévoué... et d'un sommeil inaltérable... Tout me
porte à croire que nous nous marierons au printemps...
s'il fait beau... (*Le regardant*) Il serait peut-être temps de
le réveiller. (*Elle s'asseoit et frappe fortement le guéridon
avec son livre. Le bruit réveille Hector.*)

HECTOR

Hein?... Comment, cousine, c'est déjà fini ?

HORTENSE

Oui, cousin... Comment trouvez-vous la fin?

HECTOR

Superbe!... vous lisez... adorablement !

HORTENSE, à part.

Un adverbe!

HECTOR

Et je vous écouterais... indéfiniment.

HORTENSE, à part.

Deux !

HECTOR

Vous êtes une lectrice de premier ordre... incontesta-
blement.

HORTENSE

Trois !... avez-vous fini ?

HECTOR

Quoi ?

HORTENSE

Trois adverbes en trois phrases !... mais c'est une maladie, une éruption grammaticale !...

HECTOR

C'est sans m'en apercevoir... une habitude du Palais...
Quand les idées ne viennent pas, nous poussons des
adverbes, ça leur donne le temps d'arriver... Mais je vous
promets de me surveiller... Voyons, cousine, mon congé
expire définitivement demain et il faut que je retourne
absolument à Orléans ; vous ne me laisserez pas partir
sans une espérance, vous savez si je vous aime éperdû-
ment.

HORTENSE

Vous ne vous doutez pas d'une chose, cousin, c'est que,
pendant que vous poussez des adverbes, comme vous
dites, il vous a poussé un rival.

HECTOR

Un rival ! Qui ça ?

HORTENSE

Ah ! je ne le connais pas... Voici la singulière lettre que

j'ai reçue il y a trois jours : (*Lisant*) « Madame, vous êtes
« veuve, moi aussi ; vous désirez vous remarier, moi aussi ;
« vous jouissez d'une excellente santé, moi aussi. Donc
« toutes les convenances se trouvent réunies. Je ne vous
« envoie pas ma photographie, elle est manquée... mais
« je suis prêt à me faire voir, quand vous le désirerez, me
« trouvant de passage à Paris pour deux jours encore.
« Réponse au Grand-Hôtel, chambre 124.

> « Peters Fougasson, »
>
> Américain, 47 ans.

HECTOR

C'est une mystification !

HORTENSE

Une mystification qui persiste, car, hier, j'ai reçu une
seconde lettre. (*Récitant de mémoire*) « Madame, je suis
« étonné de n'avoir pas reçu de réponse à mon honorée
« du 27... »

HECTOR

C'est un fou... sûrement... indubitablement.

HORTENSE, agacée.

Crrr !

HECTOR

Quoi?

HORTENSE

Indubitablement.

HECTOR

Oh ! pardon ! il m'a échappé... Donnez-moi cette lettre,
j'ai justement un ami à la Préfecture de police qui est

précisément au bureau des étrangers et il nous renseignera surabondamment.

HORTENSE

Là... reposez-vous... vous venez d'en mettre trois sur la table !

HECTOR, étonné.

Quoi?

HORTENSE

Justement... précisément... surabondamment... Écoutez, cousin, c'est plus fort que moi... jamais je ne pourrai vous épouser dans ces conditions-là.

HECTOR

Voyons, calmez-vous... c'est le dernier ou plutôt l'avant-dernier.

HORTENSE

Vous en avez encore un qui vous gêne ?

HECTOR

Oui.

HORTENSE

Lequel?

HECTOR, lui baisant la main.

Éternellement.

HORTENSE

Celui-là, on vous le pardonne... Partez vite !

HECTOR

Je cours à la Préfecture et je vous rapporte les renseignements sur ce M. Fougasson... A bientôt. (*Il sort.*)

SCÈNE DEUXIÈME

HORTENSE, puis FRANCINE.

HORTENSE, seule.

C'est un brave garçon... Voilà trois fois que je le fais
venir d'Orléans, sous prétexte de mariage, il faut que je
lui donne ma réponse aujourd'hui même... je ne peux pas
le remettre indéfiniment... Bon! un adverbe! ça se gagne!

FRANCINE, entrant avec un registre et une grande lettre à la main.

Madame, c'est une lettre chargée, avec cinq cachets
rouges.

HORTENSE

Une lettre chargée?

FRANCINE

L'homme de la poste dit qu'il faut que vous signiez sur
ce registre.

HORTENSE

Où çà?

FRANCINE

Là. *Hortense signe. Francine sort avec le registre.*)

SCÈNE TROISIÈME

HORTENSE, puis FRANCINE.

HORTENSE, décachetant la lettre.

Qui peut m'écrire par lettre chargée? (*Lisant*)« Madame,
« je viens pour la troisième fois vous demander votre

« main. » (*Parlé*) Ah! c'est trop fort! (*Lisant*) « Crai-
« gnant que mes deux honorées du 26 et du 27 ne vous
« soient pas parvenues, je prends la liberté de faire
« charger ma troisième... Réponse au Grand-Hôtel,
« chambre 124... » (*Parlé*) Ah ça! c'est une gageure! Ce
monsieur ne me laissera donc pas en repos?... Une réponse!... oui... je vais lui en faire une... et par lettre
chargée aussi. (*Elle s'asseoit devant la table et prend une
plume.*) Qu'est-ce que je vais lui dire? C'est bien simple.
(*Écrivant*) « Monsieur... vous m'ennuyez! » (*Parlé*) Voilà...
(*Mettant sa lettre sous enveloppe et écrivant l'adresse*)
Monsieur Peters Fougasson, Grand-Hôtel, chambre 124.
(*Elle sonne, Francine paraît.*)

FRANCINE

Madame.

HORTENSE

Cette lettre à la poste... Vous mettrez cinq cachets....
rouges!... et vous la ferez charger.

FRANCINE, riant.

Hi! hi! hi!

HORTENSE

Qu'est-ce qui vous fait rire?

FRANCINE

C'est si drôle de s'envoyer des morceaux de cire par la
poste.

HORTENSE

C'est bien... allez. (*Francine sort.*) Mais je ne le connais pas, ce monsieur... je ne l'ai jamais vu... Fougasson!...
qu'est-ce que ça peut être? (*On frappe à la porte d'entrée.*)
Entrez!

SCÈNE QUATRIÈME

HORTENSE, FOUGASSON, puis FRANCINE.

FOUGASSON, entrant.

Je vous demande pardon, madame.

HORTENSE

Un étranger... Monsieur?

FOUGASSON

C'est moi... chambre 124.

HORTENSE

Monsieur Fougasson ! Qui demandez-vous? Que venez-vous chercher?

FOUGASSON

Je viens chercher la réponse.

HORTENSE

Elle est à la poste... elle vient de partir.

FOUGASSON, heureux.

Ah ! merci, madame... merci ! je cours...

HORTENSE, l'arrêtant.

Pardon... un mot.

FOUGASSON, revenant.

Madame?

HORTENSE

Vous m'avez écrit pour me demander ma main...

FOUGASSON

Trois fois.

HORTENSE

Mais où m'avez-vous vue?

FOUGASSON

Nulle part, madame, c'est la première fois que j'ai le bonheur de vous rencontrer.

HORTENSE, se reculant avec inquiétude.

Ah!.. c'est la première fois... (*A part*) Alors c'est un fou!.. seule avec lui... il me fait peur!

FOUGASSON

Ma conduite vous paraîtra singulière peut-être...

HORTENSE

Du tout... du tout... (*A part*) On dit qu'il ne faut jamais les contrarier.

FOUGASSON

Un mot vous expliquera tout... asseyez-vous donc.

HORTENSE, résistant.

Mais...

FOUGASSON, s'asseyant.

Je vous en prie...

HORTENSE, à part.

Ne le contrarions pas. (*Elle s'asseoit et prend la sonnette qu'elle garde.*) Je tiens la sonnette et au premier mouvement...

FOUGASSON

J'ai vu votre portrait, madame, dans l'atelier d'un peintre célèbre et aussitôt je me suis écrié : (*avec exaltation*) Mais c'est elle!.. C'est Betzy! ma chère Betzy!

HORTENSE, étonnée.

Betzy !

FOUGASSON

Ma femme... un ange... que je viens d'avoir la douleur
de perdre.

HORTENSE, à part.

Pauvre homme ! c'est le chagrin qui lui a porté sur le
cerveau.

FOUGASSON

J'en ai reçu la nouvelle d'Amérique, il y a quinze
jours.

HORTENSE

Et vous songez déjà à vous remarier ?

FOUGASSON

Oui... je vous dirai pourquoi... chère Betzy ! beauté,
sensibilité, cœur, esprit... elle avait tout !.. et il a fallu
qu'un événement... je lui avais pourtant bien défendu
d'aller en chemin de fer.

HORTENSE

Ah ! c'est en chemin de fer ?

FOUGASSON

Le train traversait un pont de bois... on fait très-mal
les ponts en Amérique... celui-là s'est effondré et le convoi tout entier est tombé dans l'Ohio !

HORTENSE

Oh ! quelle ruine !

FOUGASSON

Une ruine... non... je l'avais fait assurer.

HORTENSE

Ah!

FOUGASSON

Si vous daignez m'accorder votre main, je vous ferai assurer aussi...

HORTENSE

Vous êtes bien bon.

FOUGASSON

Quand je reçus le fatal télégramme... mon premier mouvement fut d'acheter une pelote de ficelle.

HORTENSE

Pourquoi ?

FOUGASSON

J'étais comme un fou... je voulais me pendre. (*Tirant une pelote de ficelle de sa poche.*) La voici... elle ne me quitte jamais. (*Se levant.*) Oh ! ce sera bien vite fait... un clou... une rosace... la moindre des choses... (*Regardant en l'air*) Tenez, en voici un clou !

HORTENSE, effrayée.

Monsieur !.. pas ici !.. pas ici !

FOUGASSON, remettant la pelote dans sa poche.

Ne craignez rien... j'ai renoncé à mon projet... pour le moment. (*Il se rasseoit.*) C'est la vue de votre portrait qui a opéré ce miracle... car c'est étonnant comme vous ressemblez à ma chère Betzy... deux gouttes d'eau... de profil... Ayez la bonté de vous tourner un peu.

HORTENSE, résistant.

Mais, monsieur...

FOUGASSON

Ah ! je vous le demande !

HORTENSE, effrayée, se mettant de profil.

Voilà... voilà... (*A part*) Ne l'excitons pas. (*Haut*) Est-ce bien comme ça ?

FOUGASSON, la regardant.

Oui... oh ! oui !.. (*Il tire son mouchoir et se met à sangloter*) Betzy !.. ma chère Betzy ! ne bougez pas... (*Il se remet à sangloter*) Ça me fait du bien !

HORTENSE, à part.

Je ne peux pourtant pas passer ma journée à le faire pleurer... de profil.

FOUGASSON, très-ému.

Voici sa photographie... C'est frappant.

HORTENSE

Voyons... (*La regardant. A part*) Elle a le nez de travers... (*Haut, la lui rendant*) Il me semble que le nez...

FOUGASSON

Oui... le sien est mieux..., mais, avec une ressemblance aussi parfaite, il est impossible que vous n'ayez pas quelques-unes de ses qualités... je ne dis pas toutes... ce serait un blasphème !

HORTENSE, à part.

Eh bien ! il est poli !

FOUGASSON

Car je pense, madame, que vous n'avez pas la prétention d'égaler tous ses mérites.

HORTENSE, piquée.

Oh ! certainement !

FOUGASSON

Elle était douce, simple, modeste... Mettez-vous de profil, je vous prie... Elle parlait quatre langues... et musicienne !... elle composait, elle s'élevait jusqu'à la romance... Tenez, en voici une qu'elle a laissé jaillir de son cœur dans un jour d'abandon.

HORTENSE, à part.

Il va chanter !

FOUGASSON chante un couplet de romance sur l'air de : Il pleut, bergère.

Qu'est-ce que vous dites de ça ?

HORTENSE

C'est charmant... et nouveau.

FOUGASSON

Je vous rendrai heureuse, je vous le jure.

HORTENSE

Permettez.

FOUGASSON

Vous en doutez ?

HORTENSE, vivement.

Non ! non ! (*A part*) Comment le renvoyer ?

FOUGASSON

Tous vos désirs, tous vos caprices seront satisfaits... Vous aurez le bien-être, le luxe, le superflu. Vous pourrez gaspiller, jeter l'or par la fenêtre... je suis riche...

et en échange je ne vous demanderai qu'une chose,
c'est de vous mettre de temps en temps de profil.

HORTENSE

Ah ! encore !

FOUGASSON

Est-ce convenu ?

FRANCINE, entrant.

Madame.

HORTENSE

Quoi ?

FRANCINE

La trésorière de l'œuvre est au salon et désire parler à
Madame.

HORTENSE, à part.

Elle arrive à propos... (A *Fougasson*) Je vous demande pardon, monsieur.

FOUGASSON

Et votre réponse ?

HORTENSE

Mais... elle est à la poste.

FOUGASSON

Favorable? (*S'exaltant*) Ah ! si elle ne l'était pas !
malheur ! Je serais capable de...

HORTENSE, effrayée.

Non !.. retournez à votre hôtel... vous serez content

FOUGASSON

Ah !

HORTENSE, bas à Francine.

Mets-le tout doucement à la porte et ne le laisse
rentrer sous aucun prétexte... c'est un fou !

FRANCINE, à part.

Un fou !

FOUGASSON

Madame.

HORTENSE

Vous serez content... (*De la porte*) Vous serez content.
(*Elle sort.*)

SCÈNE CINQUIÈME

FOUGASSON, FRANCINE.

FRANCINE, à part, le regardant.

Ah ! c'est ça un fou !

FOUGASSON

Qu'est-ce que c'est que cette trésorière de l'œuvre qui
attend Madame au salon ?

FRANCINE

L'œuvre des Petits Orphelins, dont Madame est pré-
sidente.

FOUGASSON

Ah ! c'est bien ça... C'est une bonne note... Betzy aussi
nourrissait des orphelins... mais c'étaient des oiseaux. (*Tirant de sa poche un carnet de chèques*) Tiens, tu vas lui
porter mon offrande. (*L'interrogeant*) Dix mille francs,
est-ce assez ?

FRANCINE

Oh!

FOUGASSON

Vingt?

FRANCINE

Bah! mettez-en trente... Pour ce que ça vous coûte.

FOUGASSON

Tu as raison. (*Déchirant un chèque sur lequel il a écrit et le remettant à Francine*) A toucher chez Rothschild.

FRANCINE, à part.

Il a une folie douce.

FOUGASSON, la regardant.

Mais, toi aussi, tu ressembles à Betzy. Mets-toi de profil.

FRANCINE

Voilà! (*A part*) Il m'amuse.

FOUGASSON

Ah non!... ce n'est pas ça, tu n'es qu'un trompe-l'œil.

FRANCINE, froissée.

Un trompe-l'œil!

FOUGASSON

Écoute... tu viendras avec nous en Amérique... Veux-tu?

FRANCINE, complaisamment.

Si ça vous fait plaisir!

FOUGASSON

Je te marierai là-bas... j'ai quelqu'un en vue pour toi.

FRANCINE

Un blond?

FOUGASSON

Non;.. il serait plutôt brun... C'est un nègre.

FRANCINE

Ah! merci! je n'en veux pas!

FOUGASSON

Ah! tu as des préjugés de couleur,.. mais un nègre... c'est un brun qui a eu la hardiesse de continuer son chemin.

FRANCINE

Ah bien! j'en aime mieux un qui soit resté en route... Monsieur veut-il que je le reconduise?

FOUGASSON

C'est juste... il faut que je retourne à l'hôtel... ta maîtresse m'a écrit ce matin.

FRANCINE

Une grande lettre... avec cinq cachets rouges... C'est moi-même qui l'ai portée à la poste.

FOUGASSON

Toi! tu as été le messager de mon bonheur... brave fille!... tiens, je vais te faire aussi un chèque! (*Il tire son carnet.*)

FRANCINE

Oh! ne vous donnez pas la peine... voûs allez user tout votre papier.

FOUGASSON

Tu es désintéressée... C'est bien !... tu mourras sur la

paille... Adieu, mais si tu crois que tu ressembles à Betzy, tu te trompes !

(Il sort vivement.)

SCÈNE SIXIÈME

FRANCINE, puis HORTENSE.

FRANCINE

En voilà un toqué !... mais il n'est pas méchant.

HORTENSE, passant sa tête à la porte.

Eh bien?... est-il parti?

FRANCINE

Oui, madame... Ah ! il est bien drôle, allez !... il a laissé un chèque de trente mille francs pour votre œuvre !

HORTENSE

Pauvre homme !

FRANCINE

Le voici... il a un petit portefeuille qu'il déchire, et il offre des chèques à tout le monde, pif ! paf !... il a voulu m'en faire un.

HORTENSE

Il n'a donc pas de famille pour le faire soigner.

FRANCINE

Il m'a proposé de me marier... à un nègre... et puis il m'a dit : Ah ! tu ressembles à Betzy ! mets-toi de profil !

HORTENSE, riant.

Toi aussi?

FRANCINE

Et après : Non, tu ne ressembles pas à Betzy... et il m'a appelée trompe-l'œil.

SCÈNE SEPTIÈME

HORTENSE, FRANCINE, HECTOR.

HECTOR, entrant.

Me voici... j'arrive de la Préfecture, je vous apporte des renseignements sur M. Fougasson.

HORTENSE

C'est inutile... nous l'avons vu.

HECTOR

Ici ?

HORTENSE

Oui. (*Avec compassion*) Hein ?... quel malheur !...

HECTOR

Quoi ?

HORTENSE

Il est complétement fou !

HECTOR

Lui... mais pas du tout !

HORTENSE

Ah ! par exemple !

HECTOR

C'est au contraire un homme parfaitement équili

bré, merveilleusement doué, étonnamment organisé!...

HORTENSE

Ah! voilà que ça vous reprend...

HECTOR

Quoi?

HORTENSE

Vos adverbes.

HECTOR

Oh! pardon... je suis venu vite. Enfin c'est un de ces commerçants aventureux.... et aventuriers,... comme l'Amérique en produit... Parti de rien, il possède aujourd'hui une fortune de plus de quarante millions.

FRANCINE, à part.

Sapristi! et moi qui ai refusé son chèque!

HORTENSE

Mais c'est impossible, je vous dis... Je l'ai vu, j'ai causé avec lui... il a voulu se pendre... avec une pelote de ficelle... qui ne le quitte jamais.

FRANCINE

Et à moi il m'a offert de me marier à un nègre.

HECTOR

Tout ce que vous voudrez... Mais la Préfectur e ne peut pas se tromper.

HORTENSE

Oh!

HECTOR

On a sur lui des notes très-exactes; ce n'est pas le premier venu... c'est presque un personnage... il a même été pendant quelque temps président d'une des petites républiques de l'Équateur...

HORTENSE

Président ! lui !

FRANCINE, s'oubliant.

Sacredié ! (*Se reprenant*) Oh ! pardon !

HECTOR

Enfin que vous a-t-il dit ?

HORTENSE

Il m'a dit que je ressemblais à Betzy, sa première femme, et il m'a proposé de m'épouser... à cause de la ressemblance.

HECTOR

Et comment vous êtes-vous quittés ?

HORTENSE

Oh ! très-bien... je lui ai dit que je lui avais écrit, qu'il trouverait ma réponse à son hôtel.

HECTOR

Que lui avez-vous écrit ?

HORTENSE

Ah ! voilà... si j'avais su... un président !

HECTOR

Mais quoi ?

HORTENSE

Deux mots : Vous m'ennuyez !

HECTOR

Oh !

FRANCINE

C'est raide !

HECTOR

Et vous croyez en être quitte comme ça?.. il reviendra.

HORTENSE

J'espère bien que non.

HECTOR

Vous ne connaissez pas sa ténacité.

FRANCINE, à part.

Moi, s'il revient, je lui ouvre la porte à deux battants...
40 millions !

HECTOR

Je ne vois qu'un moyen... Je vais le trouver à son hôtel,
je le raisonnerai, je lui dirai que cette prétendue ressemblance n'existe pas, qu'il vous a vue légèrement, super
ficiellement, incomplétement, et conséquemment...

HORTENSE

J'espère que vous vous régalez !

HECTOR

Oh ! pardon. (*A Francine*) Toi, tu vas te tenir dans
l'antichambre... et, s'il se présente, tu défendras la porte...

FRANCINE, à part.

Prends garde de le perdre !

HECTOR

Inexorablement ! Viens !

(Il sort suivi de Francine.)

SCÈNE HUITIÈME

HORTENSE, puis FRANCINE et FOUGASSON.

HORTENSE, seule.

Il est incurable... Bah ! je m'y habituerai... Ce pauvre
M. Fougasson... je le croyais fou... il n'est qu'Américain...
Ma réponse est un peu... sauvage... adressée à un homme
qui a tant de millions... Mais je ne le reverrai jamais,
quoi qu'en dise mon cousin.

FRANCINE, ouvrant la porte et annonçant.

Monsieur Peters Fougasson !

HORTENSE

Lui !

FRANCINE, à part.

Dame ! 40 millions !

(Fougasson paraît, Francine se retire.)

FOUGASSON, tenant à la main la lettre d'Hortense.

Ah ! madame !.. ah ! madame !

HORTENSE

Ma lettre !

FOUGASSON, montrant la lettre.

Vous m'ennuyez !.. vous m'ennuyez !

HORTENSE, confuse.

Monsieur, croyez bien...

FOUGASSON

Est-ce bien vous qui avez pu m'écrire cette dureté?...
et par lettre chargée encore !

HORTENSE

Excusez-moi... j'étais pressée...

FOUGASSON

Et cela juste au moment où je commence à vous aimer.

HORTENSE

Comment !

FOUGASSON

Ce que j'ai recherché d'abord en vous, c'était une ressemblance... mais maintenant c'est vous.

HORTENSE

Vous ne me connaissez pas.

FOUGASSON

C'est ce qui vous trompe... Vous êtes bonne, douce, charitable, vous parlez deux langues... et musicienne ! Vous composez aussi des romances...

HORTENSE

Jamais !

FOUGASSON

Ah ! pardon... *L'oiseau perdu*,... c'est de vous... quatre couplets... Voulez-vous que je vous la chante ! (*Fredonnant.*)

Oiseau perdu
Tremblant sous le feuillage.

HORTENSE

Oh ! non... grâce !

FOUGASSON

Je ne vous connais pas,... mais je puis vous dire,

heure par heure, ce que vous avez fait depuis huit jours.

HORTENSE

Ah ! ça, c'est un peu fort !... Voyons, hier ?

FOUGASSON

Hier, c'est très-facile. (*Tirant un papier de sa poche*) Nous disons 29 décembre. (*Consultant son papier*) Vous êtes sortie à deux heures trente-cinq... en fiacre... Vous avez acheté des gants... puis vous avez fait trois visites... une, rue Saint-Dominique d'Enfer 42, l'autre, rue de Trévise 33...

HORTENSE, étonnée.

Voilà qui est curieux, par exemple !

FOUGASSON

Après... comme nous approchons du jour de l'an, vous avez porté des étrennes aux petits enfants pauvres... qui n'en reçoivent de personne.

HORTENSE

Ah ! c'est une trahison !

FOUGASSON, consultant son papier.

A quatre heures... Vous êtes entrée chez un pâtissier nommé Julien.

HORTENSE

Oui.

FOUGASSON

Vous avez pris deux petits pâtés chauds au macaroni. (*S'attendrissant*) Betzy préférait les meringues au chocolat...! mais ça ne sera pas un obstacle.

HORTENSE

Ah ! ça, monsieur, expliquez-moi...

FOUGASSON

C'est bien simple, madame, je vous ai fait suivre.

HORTENSE, furieuse.

Faire suivre une femme !... Ah ! monsieur, c'est indigne !

FOUGASSON

Puisque je voulais vous épouser, je devais naturellement chercher à vous connaître.

HORTENSE

Et vous avez lancé quelqu'un sur ma piste.

FOUGASSON

Moi, je n'ai pas le temps ; je suis venu à Paris pour traiter une grande affaire de coton et de cacao... mais j'ai confié cette mission à une personne discrète.

HORTENSE

De la police peut-être ?

FOUGASSON

Oh ! non ! je suis plus délicat que ça... J'ai acheté une voiture de place à la Compagnie générale, j'ai habillé mon secrétaire... un homme sûr et distingué... en cocher de fiacre... et c'est lui qui vous conduit depuis huit jours.

HORTENSE

Ce n'est pas possible, le même cocher... Je l'aurais reconnu.

FOUGASSON

Il se grimait, madame... il changeait de perruque tous les matins... et pour que votre domestique ne prît pas une

autre voiture que la sienne... il lui donnait trois francs par
heure... l'heure étant de deux francs, vous voyez que je
n'en faisais pas une spéculation.

HORTENSE

Vous désirez peut-être que je vous rembourse la différence ?

FOUGASSON

Oh !... mais vous paraissez nerveuse, contrariée...

HORTENSE

Certainement, monsieur... je suis indignée de votre pro-
cédé ! Je ne sais pas comment on agit dans votre Amérique,
mais en France un homme, qui ferait suivre une femme,
ne serait pas un galant homme !

FOUGASSON

Je vous demande pardon... Je n'ai pas cru faire mal.

HORTENSE

Avoir recours à de pareils moyens, vous ! un homme
qui a occupé de si hautes fonctions !

FOUGASSON

Comment, vous savez ?

HORTENSE

Oui.,. moi aussi j'ai pris mes renseignements.

FOUGASSON

Où ça ?

HORTENSE

Mais à la Préf... (*S'arrêtant*) C'est mon secret... Enfin
vous avez été président d'une République à... par là-
bas...

FOUGASSON

Oh! ce n'est pas la peine d'en parler... quatre jours... en trois fois...

HORTENSE, riant.

Quatre jours !... pas possible.

FOUGASSON

C'est comme j'ai l'honneur de vous le dire... Ah ! si j'avais fait pendre seulement vingt-deux avocats... j'y serais encore.

HORTENSE

Oh ! taisez-vous !

FOUGASSON

Mais Betzy n'a pas voulu.

HORTENSE

Je le crois sans peine.

FOUGASSON

Comme c'était un vendredi... elle m'a dit de sa petite voix : Attendons à demain... et le lendemain j'étais déposé.

HORTENSE

C'est heureux...

FOUGASSON

Mais le dimanche je reprenais le pouvoir jusqu'au mardi cinq heures... j'avais la Presse contre moi... elle m'avait soutenu le samedi, mais le mardi elle m'accusait d'avoir corrompu la nation... Alors, quand j'ai vu ça, j'ai dit : flûte !

HORTENSE, étonnée.

Flûte ?

FOUGASSON

Un mot américain qui signifie : je donne ma démission... et je me suis embarqué avec Betzy, en renonçant aux grandeurs.

HORTENSE, gaiement.

Quelle drôle d'histoire !

FOUGASSON

Et maintenant, madame, vous connaissez ma vie, mes aventures, je vous ai raconté mon règne... puis-je espérer que vous accueillerez ma demande d'un regard favorable.

HORTENSE

Voyons, écoutez-moi... Vous êtes sous l'empire d'une idée fixe... vous prétendez que je ressemble à Betzy...

FOUGASSON

Oh ! oui !

HORTENSE

C'est une erreur... elle est bien mieux que moi... elle a le nez... adorablement incliné à gauche.

FOUGASSON

C'est vrai... pauvre Betzy !

HORTENSE

Sa bouche est majestueusement plus grande, ses yeux plus petits, son menton plus carré...

FOUGASSON

Oui, mais l'ensemble est frappant.

HORTENSE

Et puis il y a un obstacle.

FOUGASSON

Tant mieux ! je le briserai !

HORTENSE

Ah! non, c'est mon cousin!

FOUGASSON

Quel cousin?

HORTENSE

M. Hector dé Courvalin... un homme charmant... que j'aime.

FOUGASSON

Oh! taisez-vous!

HORTENSE

Et que je dois épouser dans quelques mois... Il est en ce moment à votre hôtel pour vous en faire part.

FOUGASSON

Ah! Hortense!... Non! madame!... vous venez de me porter un coup... de ruiner toutes mes espérances.

HORTENSE

Je le regrette, mais...

FOUGASSON

Ainsi c'est bien décidé... vous refusez ma main...

HORTENSE

Je vous l'ai dit, je ne suis pas libre.

FOUGASSON, tirant de sa poche sa pelote de ficelle.

Allons, c'est vous qui l'aurez voulu.

HORTENSE, effrayée.

Monsieur!... que voulez-vous faire?

FOUGASSON

Je reprends mon projet... (*Montant sur une chaise et*

regardant au plafond) J'ai aperçu un petit clou par là tantôt...

HORTENSE, appelant et sonnant.

Francine! au secours! au secours!

*

SCÈNE NEUVIÈME

HORTENSE, FOUGASSON, FRANCINE.

FRANCINE, entrant vivement.

Madame...

HORTENSE

Monsieur veut attenter à ses jours!

FRANCINE

Sacredié !

HORTENSE

As-tu tes ciseaux ?

FRANCINE, les tirant de sa poche.

Les voici !

HORTENSE, en prenant une paire dans la corbeille à ouvrage.

Moi les miens !

(Les deux femmes sont armées de ciseaux.)

FOUGASSON

Que voulez-vous faire ?

HORTENSE, résolûment.

Monsieur, nous vous prévenons qu'à chaque tentative que vous ferez, nous couperons la corde !

FRANCINE

Oui, à toutes les fois... crac !

FOUGASSON

Mais vous attentez à ma liberté.

FRANCINE

C'est comme ça ! essayez... crac !

SCÈNE DIXIÈME

LES MÊMES, HECTOR.

HECTOR

M. Fougasson n'était pas chez lui.

FRANCINE, le montrant sur la chaise.

Le voici... il est en train de se pendre...

HECTOR, à Fougasson.

Ah! monsieur, j'espère que ce n'est pas irrévocablement.

HORTENSE

Allons bon ! les adverbes !

FOUGASSON, sur sa chaise.

Désolé, monsieur, mais quand j'ai décidé une chose...

HECTOR

Attendez donc! voici un télégramme d'Amérique qui vient d'arriver pour vous au Grand-Hôtel. (*Il le lui donne.*)

FOUGASSON

Un télégramme ! (*Sautant à terre*) Est-ce que les cotons

sont en baisse ? (*Lisant sa dépêche.*) « Betzy pas
« morte... »

TOUS

Hein ?

FOUGASSON, lisant.

« Tombée sur un lit de roseaux... dans la vase jus-
« qu'aux épaules... prend des bains... » (*Embrassant la
dépêche*) Oh! Betzy! ma chère Betzy! (*A Hortense*) Vous
le voyez, madame, ça ne se peut plus... Je le regrette,
mais si jamais je deviens veuf...

HORTENSE

Je ne serai problablement pas libre, moi.

FOUGASSON, examinant Hector.

Oh!... on ne sait ni qui vit, ni qui meurt.

HECTOR

Merci bien.

HORTENSE

Veuillez reprendre votre chèque de trente mille francs.

FOUGASSON

Non, madame... Ce qu'on donne aux orphelins ne se
reprend jamais...

FRANCINE, à part.

S'il pouvait m'en faire un aussi.

FOUGASSON, lui donnant sa pelote de ficelle.

Tiens! Je te la donne... la corde de pendu, ça porte
bonheur.

HECTOR, à Hortense.

Cousine, vous m'avez promis une réponse...

HORTENSE, lui tendant la main.

La voici !

HECTOR

Ah! je vous le jure, vous serez heureuse !

HORTENSE

In-du-bi-ta-ble-ment!

Le rideau baisse.

LES

CRISES DE MONSEIGNEUR

Comédie en un acte

Par M. Gustave DROZ.

PERSONNAGES

L'ABBÉ LEROUX.

LE COMTE.

LA COMTESSE.

LEDOYEN, notaire.

BOIS DE GROSLAU, sous-préfet.

UN EMPLOYÉ DE LA MAISON SAX.

UN DOMESTIQUE.

CRISES DE MONSEIGNEUR

Un cabinet de travail. — Table encombrée de papiers.

SCÈNE PREMIÈRE

LE COMTE, LA COMTESSE.

LE COMTE

C'est à en perdre l'esprit !... ces difficultés, ces obstacles imprévus surgissant tout à coup, à la dernière heure, alors que je n'ai plus un moment à moi, que le travail m'accable, que je ne me soutiens plus que par des excès de café noir !... En vérité, comtesse, c'est payer cher l'honneur d'être député !...

LA COMTESSE

Vous avez une constitution de fer, je vous l'accorde volontiers; mais, franchement, je ne vois pas très-bien l'énormité de ces obstacles.

LE COMTE

Comment, vous ne les voyez pas? Comment, vous ne comprenez pas qu'en me l'imposant laïque, on me met dans l'impossibilité même de la fonder? Or la fondation de cette école est la base, le pivot de mon élection; je ne me le dissimule pas. — Voyez ce billet confidentiel que m'adresse la Préfecture : « Il la faut laïque à tout prix, mon cher comte ; redoutez les manœuvres de la dernière heure ; hâtez-vous... etc... laïque, ou je ne réponds de rien... etc...» Voilà ce que m'écrit ce cher sous-préfet, qui d'ailleurs est un polisson. Il est charmant ! la proclamer laïque ; c'est facile à dire.

LA COMTESSE

Mais ne proclamez donc rien du tout, mon Dieu !

LE COMTE

Et le moyen de ne rien proclamer, alors que vingt, trente lettres me pressent, me menacent, alors que l'on écrit des horreurs sur ma porte, que l'on me met littéralement le pistolet sur la gorge... c'est à n'y pas croire ! Les mœurs électorales sont prodigieusement écœurantes. Eh quoi, messieurs, je n'ai donc pas le droit de dépenser mon argent à ma guise ? Qui vous autorise, dites-moi, à suspecter ma bonne foi politique ? Qui vous autorise à colorer en rouge ou en blanc mon dévouement au pays ? N'est-ce pas à ma conscience à choisir sa route... suivant les circonstances ?

LA COMTESSE

Dire d'avance qu'elle sera laïque, c'est vous brouiller tout net avec l'Archevêché, c'est-à-dire avec la moitié du pays.

LE COMTE

Et la promettre religieuse, c'est me brouiller avec l'autre moitié. Mais ce n'est pas tout, chère amie. Considérez bien que jamais, au grand jamais, cet excellent abbé Leroux ne me vendra...

LA COMTESSE

(*Vivement.*) Oh ! oh ! ménageons celui-là : il a sur Monseigneur une influence énorme... il fait la pluie et le beau temps.

LE COMTE

Je le sais bien, et c'est précisément ce qui me met à la torture. Jamais, je le répète, l'abbé Leroux ne me vendra les Herbiers, sachant que sur ce terrain je veux fonder une école laïque. Or, il n'y a point d'autre emplacement. Les Herbiers ont de plus l'avantage, vous le savez comme moi, de toucher au parc et de pouvoir, le cas échéant, y être réunis.

LA COMTESSE

On est chez soi; cela vaut mieux à coup sûr.

LE COMTE

Précisément. Ne devaient-ils pas se contenter de ma promesse? Une fois député, je...

LA COMTESSE

Peu importe, cher ami. Il nous faut la propriété de l'abbé, et nous l'aurons; voilà le vrai, le seul point de vue auquel nous devons nous placer. Que valent les Herbiers?

LE COMTE

Ce coin de terre n'a aucune valeur... le chiendent y languit.

LA COMTESSE

Il y a la maison.

LE COMTE

Vous voulez dire la baraque, l'affreuse baraque. Les murs tombent en poussière... la porte n'est plus qu'un morceau d'amadou... le toit... Croiriez-vous qu'en temps d'orage Claude et sa famille sont obligés de porter au grenier toutes les terrines de la maison pour arrêter l'inondation? Voilà ce qu'est au juste le manoir de l'abbé Leroux.

LA COMTESSE

Ces Claude ne sont-ils pas parents de l'abbé?

LE COMTE

Ils sont ses parents en effet, mais ils sont avant tout les plus grands paresseux du canton. Aucun ordre, aucune tenue, et une malpropreté! Personne autre qu'eux n'eût consenti à habiter ce taudis.

LA COMTESSE

Combien leur loue-t-il?

LE COMTE

Et quelle location voulez-vous demander d'un pareil logement? Il leur en abandonne pour rien la jouissance, et franchement il n'est pas en droit d'exiger davantage.

LA COMTESSE

Mais enfin, à combien estimez-vous la valeur de ce petit paradis? Voyons, trois mille francs, est-ce trop?

LE COMTE

Trois mille francs! Eh! grand Dieu! mais c'est le triple, quadruple de ce que cela vaut.

LA COMTESSE

Bien sûr?

LE COMTE

Je vous l'affirme.

LA COMTESSE

Alors vous allez me gronder, car j'en ai fait offrir trois mille francs à notre bon abbé.

LE COMTE

Vous avez fait offrir trois mille francs des Herbiers à brûle-pourpoint, comme cela, tout à coup?

LA COMTESSE

Oh! ne craignez rien, mon cher, la chose s'est faite avec décence : Ledoyen, votre notaire, a dû sonder d'abord l'abbé Derval.

LE COMTE

L'abbé Derval.... n'est-ce pas un petit blond frisé?

LA COMTESSE

Justement. Il a une voix délicieuse, une de ces voix qui vont à l'âme. Eh bien, il est extrêmement fin, le petit abbé Derval; de sorte qu'il a dû à son tour sonder l'abbé Leroux; après quoi Ledoyen a dû intervenir... Vous voyez que cela est bien simple. Je ne serais pas surprise qu'à l'heure qu'il est l'affaire fût conclue. (*Regardant à la pendule*) Je suis même surprise que Ledoyen ne soit pas encore ici. Il est convenu qu'il nous apportera immédiatement la réponse.

LE COMTE

Cela me sauverait la vie, ma chère Jeanne ; quoique trois mille francs soient un peu... Enfin, cela rentrera dans les frais généraux. Mais pourquoi ne m'avoir rien dit? Je ne vous le reproche pas, puisque le résultat est le meilleur du monde.

LA COMTESSE

Ne chantons pas trop victoire.

LE COMTE

Il serait étrange qu'à ce prix-là l'abbé refusât! Vous auriez dû me prévenir, quoi qu'il en soit.

LA COMTESSE

Vous étiez accablé d'affaires, inquiet, hésitant. Pourquoi ajouter encore à vos ennuis? J'ai voulu agir à la

façon des bonnes fées, qui d'un coup de baguette
comblent les abîmes. Voyez-vous, cher ami, nous autres
femmes nous sommes nées diplomates : vous brisez, nous
dénouons; c'est pour cela que nous avons les doigts fins
(*Elle regarde sa main en souriant.*)

LE COMTE

(*Embrassant la main de sa femme*) Ah, chère, chère
Jeanne, vous êtes bien faite pour être la compagne d'un
homme politique !

LA COMTESSE

Écoutez : n'entendez-vous pas marcher? C'est Ledoyen, c'est lui, j'en suis sûre.

LE COMTE

Nous sommes sauvés.

SCÈNE DEUXIÈME

LES MÊMES, LEDOYEN.

LE COMTE

Eh bien, maître Ledoyen, eh bien?

LA COMTESSE

C'est fait, n'est-ce pas? Parlez, mais parlez donc.

LEDOYEN

(*Haletant et faisant signe de la main qu'il ne peut
parler*) J'ai... j'ai... couru.

LE COMTE

Cela ne fait rien. Il consent à moins de trois mille
francs, n'est-ce pas?

LEDOYEN

J'ai... d'abord...

LE COMTE

Y a-t-il des hypothèques?

LEDOYEN

J'ai d'abord... hier au soir, été trouver l'abbé...

LA COMTESSE

L'abbé Derval, très-bien; après?

LEDOYEN

Qui n'était pas chez lui.

LE COMTE

Pas chez lui! pourquoi? Dans un pareil moment!

LA COMTESSE

Au fait, au fait.

LEDOYEN

Il était chez... chez Monseigneur qui est malade.

LE COMTE

Malade!.. Est-ce que je suis malade, moi?

LA COMTESSE

(*Interrompant*) Monseigneur malade! Cela n'est pas grave au moins?

LEDOYEN

Très-grave.

LA COMTESSE

Ah! mon Dieu! mon Dieu! Et alors vous avez attendu l'abbé Derval?

LEDOYEN

Jusqu'à onze heures du soir. Enfin...

LA COMTESSE

Vous avez pu causer et...

LEDOYEN

Et il a très-bien compris... Il est charmant ce jeune homme.

LA COMTESSE

N'est-ce pas qu'il est charmant? Poursuivez, maître Ledoyen, poursuivez.

LEDOYEN

Il fut convenu que, ce matin même, il irait trouver l'abbé Leroux après la messe, et qu'à la suite de leur entretien, je me présenterais chez ce dernier pour conclure définitivement.

LA COMTESSE

Et vous y fûtes et l'affaire est conclue?

LEDOYEN

Je fus en effet vers dix heures et demie chez l'abbé Leroux, qui est un homme charmant.

LE COMTE

Mais qu'a-t-il répondu?

LEDOYEN

J'ai dû l'attendre jusqu'à midi, monsieur le comte, retenu qu'il était au lit de Monseigneur.

LA COMTESSE

Vous l'avez assuré, bien entendu, de la part que nous prenons à cette maladie de notre cher pasteur?

LEDOYEN

Assurément, madame la comtesse.

LE COMTE

Enfin, oui ou non...

LA COMTESSE

A-t-il accepté?

LEDOYEN

Mais je n'en sais rien,

LE COMTE, LA COMTESSE

Comment vous n'en savez rien?

LEDOYEN

(*Avec un sourire*) Mais tout me porte à croire que ma démarche n'a pas été infructueuse, et... (*il cherche un instant dans sa poche et en sort une grande lettre qu'il remet au comte*)... et cette lettre que l'abbé Leroux m'a chargé de vous remettre contient sans doute son acceptation,

LE COMTE

Mais donnez donc.

LA COMTESSE

Vous nous mettez à la torture depuis un quart d'heure.

LE COMTE

(*Tandis que Ledoyen se boutonne d'un air capable*) Peste, le cher abbé fait les choses dans les règles. Cela ressemble à une missive ministérielle. (*Il ouvre la lettre, le notaire et la comtesse s'approchent avec anxiété. Lisant*)

« Monsieur le comte, il n'existe pour nos cornets à piston qu'une seule espèce d'embouchure. Quoi qu'il en soit, et conformément à vos désirs, le porteur de ce mot aura l'honneur de vous soumettre le modèle que nous ajustons d'ordinaire à la *trompe-signal*, pour laquelle un brevet d'invention... etc., etc. »

Qu'est-ce que cela veut dire? Ah! oui, je sais, c'est la réponse de la maison Sax ; il s'agit de la musique des pompiers.

LEDOYEN

Ah! pardon, mille pardons ; je confonds (*Il fouille précipitamment dans sa poche*) Cette lettre m'a été remise par un monsieur qui attend dans l'antichambre et qui m'a prié de vous la faire passer. Voici l'autre lettre, celle de l'abbé Leroux. (*Il remet au comte une toute petite lettre pliée en triangle.*)

LE COMTE

(*Lisant avec émotion*) « Cher monsieur le comte, l'excellent abbé Derval me fait part de l'angoisse où vous plonge le déplorable état de notre cher pasteur. Les horribles souffrances ont un peu diminué ce matin, et j'espère pouvoir m'échapper un instant pour vous donner sur ce triste événement les détails que réclame votre pieuse sollicitude. Veuillez, monsieur le comte, agréer l'expression des sentiments respectueusement dévoués avec lesquels j'ai l'honneur... etc. » (*Tous trois se regardent avec stupéfaction.*)

LA COMTESSE

C'est là tout ?

LE COMTE

C'est à n'y rien comprendre.

LEDOYEN

Les bras m'en tombent ! (*S'approchant de la lettre*) Vous permettez que je jette un coup d'œil?

LE COMTE

Eh ! par Dieu, Ledoyen, voyez vous-même. Je sais lire apparemment.

LEDOYEN

(*Vivement*). T. L. P. S. V. P. Monsieur le comte, T. L. P. S. V. P.

LA COMTESSE

Il devient fou.

LEDOYEN

Tournez la page, s'il vous plaît, il y a un post-scriptum.

LE COMTE

(*Tournant la page et remettant son pince-nez.*) Un post-scriptum en effet. (*Il lit*) « Mais que me dit l'excellent abbé Derval ? Vous auriez jeté les yeux, m'assure-t-il, sur la modeste chaumière où mourut mon vieux père. J'ai peine à croire, monsieur le comte, que ma maisonnette ait pu attirer un seul instant votre attention, et je suis bien plutôt porté à penser qu'il y a là quelqu'une de ces innocentes malices dont le bon abbé Derval est fort capable. »

LA COMTESSE

Et c'est fini ?

LE COMTE

Il n'y a pas un mot de plus. (*Sévèrement au notaire*) Morbleu, mon maître, la plaisanterie n'est pas de mon goût et vous en agissez cavalièrement avec les intérêts de vos clients.

LEDOYEN

Je proteste, monsieur le comte, contre les imputations auxquelles cette lettre pourrait donner lieu.

LE COMTE

Comment, monsieur, on vous confie la mission la plus importante et la plus délicate à la fois... une mission d'où dépendent les intérêts les plus graves... ceux du pays tout entier... et cela à une heure décisive, alors que moimême, accablé de fatigue, je ne me soutiens plus que par des excès de café noir... et vous trompez la confiance que l'on avait en vous !

LA COMTESSE

Votre devoir, monsieur le notaire, était de nous apporter une réponse définitive.

LEDOYEN

Je suis navré, madame. Je vous jure, par tout ce que j'ai de plus sacré au monde, que j'ai rempli cette mission avec tout le zèle dont je suis capable. Non-seulement j'ai sondé l'abbé Derval, mais j'ai eu avec l'abbé Leroux une assez longue conférence, où la vente des Herbiers a été traitée fort sérieusement, et, j'ose le dire, avec une courtoisie parfaite. J'ajouterai qu'en apprenant quelle était la somme qui lui était offerte, l'abbé Leroux a souri avec bienveillance, en murmurant : Peu importe, monsieur, peu importe ! Et il a écrit cette lettre, qu'il m'a remise en me priant de vous la porter. Comment n'aurais-je pas été convaincu que cette missive contenait une acceptation formelle ? Ah ! monsieur le comte, vos doutes me touchent profondément !

LE COMTE, se promenant.

Eh que diable ! aussi, mon cher, ma situation est intolérable : ballotté, cahoté, exténué... (*Il passe devant la fenêtre, dont il soulève le rideau*) Tenez, voici que l'on colle ma nouvelle affiche, et déjà cinquante vauriens font émeute... Ne vont-ils pas la lacérer? Pauvre pays! triste époque!... Il me faut les Herbiers. Il me faut une école. (*A Ledoyen*) Vous m'entendez, mon cher.

LA COMTESSE

Après une semblable lettre, l'abbé Leroux ne peut tarder à venir, et alors je me charge de tout, mon cher monsieur Ledoyen. Mais si, contre mes prévisions, l'abbé se fait attendre, plus d'hésitation; courez chez lui et enlevez la chose d'assaut. Jouez carte sur table. Il n'est pas ébranlé par trois mille francs? Offrez-lui-en quatre mille, cinq mille.

LE COMTE

Permettez, chère amie...

LA COMTESSE

Allez jusqu'à six mille, Ledoyen. Eh! mon cher comte, la vie est une lutte et l'on prend les armes que l'on peut; la question est de ne pas être vaincu.

SCÈNE TROISIÈME

LES MÊMES, UN DOMESTIQUE, puis UN EMPLOYÉ DE LA MAISON SAX.

LE DOMESTIQUE

(*Ouvrant discrètement la porte*) Une personne qui...

LA COMTESSE

C'est l'abbé Leroux! quand je vous le disais!

(Tandis que la comtesse parle et que le comte ainsi que le notaire font mine de se retirer, un petit homme portant un gros instrument de cuivre se glisse sous le bras du domestique, qui tient la porte entr'ouverte, et pénètre. — Il salue tout le monde avec aisance.)

L'EMPLOYÉ DE LA MAISON SAX

C'est comme employé de la maison Sax que j'ai l'honneur de me présenter devant vous, monsieur le comte, afin de répondre de vive voix à votre honorée du 7 courant.

LE COMTE

(*Après un moment de recueillement*) Nos pompiers se plaignaient en effet de la petitesse des embouchures... Je me souviens maintenant, et je vous écrivis... J'ai même reçu une lettre à ce sujet, il me semble, mais il m'est impossible en ce moment de traiter ces questions de détail...

L'EMPLOYÉ

Parfaitement, monsieur le comte, et j'ai l'honneur de vous apporter...

LE COMTE

(*Préoccupé*) Vous permettez. (*Il s'approche de la comtesse et du notaire qui causent confidentiellement — Au notaire*) N'offrez pas tout d'abord six mille. Vous m'entendez. (*Il revient à l'employé.*)

L'EMPLOYÉ

J'ai l'honneur, disais-je, de vous apporter des embouchures 7-32, dont vous serez certainement satisfait.

LE COMTE

C'est fort bien. Veuillez déposer ces engins sur cette table.

L'EMPLOYÉ

Je voulais en outre soumettre à monsieur le comte un spécimen de notre *trompe-signal* en sol, instrument d'orchestre et d'alarme tout à la fois et indispensable désormais à toute fanfare sérieusement organisée.

LE COMTE

Monsieur, de grâce, je suis accablé d'affaires, vous le voyez.

LE DOMESTIQUE

(*Entrant.*) Monsieur l'abbé Leroux.

LA COMTESSE

(*Elle se lève vivement et court à son mari*) Laissez-moi seule avec lui, partez, partez vite.

(Le comte, toujours suivi de l'employé, qui s'attache à ses pas, et Ledoyen se dirigent précipitamment vers une petite porte à droite.

SCÈNE QUATRIÈME

LA COMTESSE, L'ABBÉ LEROUX.

LA COMTESSE

(Après avoir façonné rapidement sa coiffure allant au-devant de l'abbé D'une voix émue.

Et Monseigneur, comment va-t-il?

L'ABBÉ LEROUX

Un léger mieux s'est produit dans son état. Merci mille fois, madame le comtesse.

LA COMTESSE

Ah ! Dieu soit loué !

L'ABBÉ LEROUX

Ce fut un coup de foudre : la crise se manifesta tout à coup, lundi soir après l'Angélus.

LA COMTESSE

Enfin, Monseigneur est sauvé. De quel poids vous me soulagez, mon cher abbé! (*Elle se rapproche et semble disposée à changer la conversation.*)

L'ABBÉ LEROUX

Ce fut un coup de foudre, comme j'avais l'honneur de vous le dire. Les fonctions organiques, trop longtemps interrompues, étaient, à n'en pas douter, la cause de cette redoutable crise. Bientôt, l'alarme est dans le palais épiscopal.

LA COMTESSE

Je le crois sans peine. Par quelles angoisses vous avez dû passer !

L'ABBÉ LEROUX

Je cours au télégraphe. Mais, les douleurs devenant plus intenses, je fais mander le docteur Bérard, dont la demeure est proche. Le docteur Bérard est un homme bien pensant et respectable à tous égards.

LA COMTESSE

C'est de plus un habile praticien, puisque nous lui devons la délivrance de notre cher pasteur... Mais je suis au désespoir de raviver en vous le souvenir de ces scènes cruelles. Ne songeons plus qu'à remercier Dieu.

L'ABBÉ LEROUX

Habile praticien assurément ; mais, soit qu'il n'eût pas l'habitude de semblables opérations, soit qu'en une aussi grave occurrence le poids de la responsabilité fît trembler sa main et troublât son jugement, ce malheureux docteur n'arracha que des cris à Monseigneur, et n'obtint...

On entend tout à coup deux ou trois notes retentissantes de la trompe-

signal. — Mouvement d'effroi de l'abbé. — La comtesse pousse un cri
et, se remettant presque immédiatement, sourit gracieusement.)

LA COMTESSE

Ne soyez pas alarmé, je sais ce que c'est : on soumet au
comte un instrument perfectionné pour la fanfare des
pompiers. Cela n'est rien absolument. (*Avec confiance et
gaieté*) Mais, dites-moi, mon cher abbé, j'ai à vous gronder : vous êtes bien sévère pour ce bon abbé Derval ; les
propositions qu'il vous a faites...

L'ABBÉ LEROUX

L'abbé Derval est un ange, madame la comtesse. Seul,
au milieu du désespoir général, il conserva cette lucidité,
ce courage, cette présence d'esprit qui font de lui l'un des
plus fermes champions de la bonne cause. Voyant que le
docteur Bérard n'avait obtenu que des résultats insigni-
fiants, nous attendîmes, — jugez de nos angoisses, —
nous attendîmes le spécialiste Vincent, à qui j'avais lancé
un télégramme pressant.

LA COMTESSE

Vous avez bien fait, mais je dois vous dire que ces propositions... Vous savez, ces propositions ? — Eh bien,
elles étaient fort sérieuses.

L'ABBÉ LEROUX

Il ne nous en fit qu'une, mais elle était fort sérieuse en
effet, puisqu'il s'agissait de recommencer une opération
devenue cent fois plus difficile par l'inhabileté de cet
excellent docteur Bérard.

LA COMTESSE

(*Résolûment*) Je vous parle des propositions que l'abbé
Derval a dû vous faire en notre nom au sujet des Herbiers.

L'ABBÉ LEROUX

Il me semble qu'il m'en a dit un mot ; mais vous devez comprendre, madame, qu'en des circonstances aussi graves je n'aie pas apporté grande attention aux paroles du cher abbé ; car il faut vous dire qu'à ce moment-là le spécialiste Vincent ne répondait encore de rien.

LA COMTESSE

Oui, oui, je comprends parfaitement ce qu'une question semblable peut avoir de pénible pour vous au milieu des préoccupations qui vous assiégent ; aussi me paraît-il préférable de terminer immédiatement cette petite affaire, afin de n'avoir plus à y revenir. Voici la chose en deux mots. Votre propriété des Herbiers, qui est enclavée dans notre parc, nous tente, je ne vous le cache pas, nous tente beaucoup. J'ai le déplorable défaut d'être d'une franchise absurde. De plus, je n'entends rien aux affaires, de sorte que je m'y prends sans doute fort mal. Donc, les Herbiers nous tentent et c'est une fantaisie que mon mari est disposé à satisfaire... noblement.

L'ABBÉ LEROUX

Monsieur le comte fait toute chose avec noblesse.

LA COMTESSE

J'entends... sans marchander. (*Elle sourit*) Ce que vous en a dit maître Ledoyen a pu vous en convaincre.

L'ABBÉ LEROUX

J'étais tellement troublé au moment où votre notaire me vint trouver que...

LA COMTESSE

Aussi l'ai-je grondé fort d'avoir insisté le moins du monde. Il vous aura offert ces trois ou quatre mille francs

avec la brutalité d'un homme d'affaires. C'était une
somme ronde, je le veux bien, étant donné le peu de
valeur de votre petit bien, mais enfin cela n'est pas une
raison.

L'ABBÉ LEROUX

Les questions d'argent ne sont guère de ma compé-
tence, et Dieu a voulu qu'elles fussent en quelque sorte
un sujet de répulsion pour moi.

LA COMTESSE

(*Lui tendant la main*) Comme nous sommes faits pour
nous entendre! Que vous a proposé Ledoyen? Trois
mille, quatre mille, cinq mille? Je ne sais plus au juste,
et d'ailleurs qu'importe! (*A voix basse et confidentiellement*) Le comte peut payer. Indiquez vous-même le prix
convenable, mon cher abbé; concluons vite, pour qu'il ne
soit plus question d'argent entre nous; cela m'est odieux.

L'ABBÉ LEROUX

(*Avec abandon*) Laissez-moi imiter votre franchise,
madame la comtesse : à mesure que nous avançons en
âge, Dieu, qui nous détache des biens temporels, nous
rend plus précieux les souvenirs du cœur, de telle sorte
que les offres qui me furent faites par votre notaire avec
une certaine précision, je m'en souviens maintenant,
me troublèrent sans me tenter, me désolèrent sans me
convaincre. Les Herbiers ont une mince valeur matérielle, me dit-on...

LA COMTESSE

Pas si mince, puisqu'on vous en offre six mille francs.

L'ABBÉ LEROUX

Six ou huit, je ne sais, et je ne veux pas le savoir. A la

seule pensée d'aliéner cette humble demeure, mon cœur se serre. C'est là que se passa ma jeunesse et que je promis de me donner à Dieu. Je revois encore la vaste chambre bien aérée, avec sa grande cheminée en belle pierre de taille... et ses grosses poutres saillantes en cœur de chêne, et aussi ces épaisses murailles que, dans mon imagination d'enfant, je comparais à celles d'une forteresse.

LA COMTESSE

Le temps a un peu détérioré tout cela.

L'ABBÉ LEROUX

Non, madame, non, le temps n'a fait que raviver en moi ces chers souvenirs et me les rendre plus précieux. Je vois encore mon vieux père occupant les dernières heures de sa vie à la culture de son jardin, faisant la récolte de ses fruits et, en dépit de l'âge, trouvant encore la force d'arracher ses pommes de terre. Pardon pour ces détails. (*Impatience visible de la comtesse*) Ses chères pommes de terre. les meilleures à dix lieues à la ronde, disait-il avec son bon sourire. Ah! que nous étions de son avis, nous autres bambins! Comme nous nous ébattions dans l'immense grenier! (*La comtesse s'agite*) Et nos jeux autour de cette belle eau de source qui coulait incessamment de la fontaine!

LA COMTESSE

Mais il n'y a pas l'ombre d'une fontaine, mon cher abbé.

L'ABBÉ LEROUX

Chers souvenirs! L'an passé, lorsque je revis les Herbiers à cause de la toiture que je fis refaire complétement à neuf...

LA COMTESSE

Elle a été bien mal refaite... à ce qu'on dit.

L'ABBÉ LEROUX

Je songeais, dis-je, que moi aussi j'y viendrais finir mes jours, en paix avec moi-même et avec les autres.

LA COMTESSE

Ah ! par exemple ! vous qui êtes appelé aux plus hautes fonctions ecclésiastiques !

L'ABBÉ LEROUX

Vendre mon pauvre toit !

LA COMTESSE

Même à... dix mille francs.

L'ABBÉ LEROUX

Que deviendraient les locataires actuels des Herbiers Claude et sa femme sont mes parents, les seuls parents qui me restent. Ils sont installés là depuis douze ou quinze ans, et le ciel a béni leur union en leur envoyant six enfants, qu'ils élèvent dans l'amour du travail et la crainte de Dieu.

LA COMTESSE

Très-touchant ; mais on peut les caser, ces gens.

L'ABBÉ LEROUX

Les abandonnerai-je sur la grande route ? Où trouveraient-ils un logement aussi avantageux que celui des Herbiers, dont je peux leur demander un loyer insignifiant, étant bon parent et point homme d'argent, grâce au ciel.

LA COMTESSE

Mais je vous répète qu'on les casera.

L'ABBÉ LEROUX

Vous me direz, madame la comtesse, que Claude est un précieux fermier.

LA COMTESSE

Je dis dix mille francs, mon cher abbé.

L'ABBÉ LEROUX

Je vois que je vous importune. Je m'oublie à parler de cet homme qui m'est cher. C'est que les gens de son espèce sont modestes et ne font point parade de leurs qualités. Voyez, madame, votre petite ferme de La Brèche, que votre fermier va laisser tout à l'heure, à l'expiration de son bail, dans un si déplorable état ; ne prouve-t-elle pas que les propriétaires les plus sensés et les plus intelligents (*il se lève*) se laissent prendre aux apparences dans le choix de leurs locataires ?

LA COMTESSE

Je vous entends parfaitement, et j'entre dans vos vues. Ainsi donc vous acceptez ?

L'ABBÉ LEROUX

(*Se dirigeant vers la porte*) Tout bien pesé, renonçons, madame la comtesse, à ce projet de vente.

LA COMTESSE

(*Vive émotion*) Comment cela !

L'ABBÉ LEROUX

Ou du moins attendons un peu. Laissez-moi me faire à cette idée, laissez-moi aussi le temps de préparer mes pauvres parents au chagrin d'abandonner leur toit. L'hiver sera rude, laissons passer l'hiver.

LA COMTESSE

Mais pas du tout, mon cher abbé ; un instant encore.

L'ABBÉ LEROUX

(*Ouvrant la porte*) Je me ferais un crime de rester plus longtemps, alors que Monseigneur, couché sur son lit de douleur... Madame la comtesse, veuillez agréer mes hommages respectueux.

(Il salue et sort.)

SCÈNE CINQUIÈME

LA COMTESSE seule, puis LE COMTE et L'EMPLOYÉ.

LA COMTESSE

Parti. Parti sans conclure. Il faut que j'aie été d'une maladresse ! Mais que faire, mon Dieu, que faire ?

LE COMTE

(*Entrant, suivi de près par l'employé. Il se retourne vivement vers lui*) Pour l'amour de Dieu, monsieur, retirez-vous. Envoyez-m'en une douzaine, deux douzaines, s'il le faut, mais laissez-moi la paix.

L'EMPLOYÉ

(*Met son instrument sous son bras, saisit son carnet et écrit*) Une douzaine en sol et l'autre en la; vos ordres, monsieur le comte, seront promptement exécutés. (*Saluant le comte et la comtesse*) J'ai l'honneur d'être...

LE COMTE

Bonjour.

(Sort l'employé.)

SCÈNE SIXIÈME

LE COMTE, LA COMTESSE.

LE COMTE

Eh bien, est-ce terminé? (*La comtesse, toujours pensive, fait signe de la tête que non.*) Mais alors tout est perdu. Je ne sais vraiment pas comment je peux résister à tous ces assauts. Ignorez-vous que le moment approche, que les comités vont se réunir?... De tous les côtés les avis les plus alarmants me parviennent. Fort heureusement le feu d'artifice vient d'arriver, ce qui cause une légère diversion en ma faveur. J'ai fait porter les embouchures à domicile... On ne parle plus que de cette malheureuse école. Sera-t-elle laïque, ne le sera-t-elle pas? On engage des paris. On me tourne en ridicule, on m'insulte... L'un de mes afficheurs est couvert de contusions. Jamais pareille effervescence ne s'est manifestée. Laïque! Mais je ne demande pas mieux! Ne suis-je pas laïque moi-même?

LA COMTESSE

Dix mille francs ne lui suffisent pas, et il veut que l'on assure le fermage de La Brèche à son parent Claude.

LE COMTE

C'est insensé, c'est fou, c'est absurde... j'y consens. Je donnerai ce que l'on voudra : quinze mille, vingt mille francs, s'il le faut. J'ai dans la tête des élancements terribles.

LA COMTESSE

(*Se frappant le front.*) Tout peut se réparer. Veuillez vous asseoir, prendre une plume et écrire.

LE COMTE

(Il s'asseoit, prend une plume machinalement et fait résonner le timbre.)

Écrire à qui, chère amie ?

LA COMTESSE

A l'abbé Leroux. Il faut le faire revenir à tout prix. Laissez-moi vous dicter un petit mot, quelque chose de vif, de chaleureux. (*Dictant*) « Mon cher abbé, ma femme a méconnu mes intentions... »

LE COMTE

Vous avez méconnu mes intentions? (*Au domestique qui entre*) Qu'on me prépare un bain de pied brûlant. (*Écrivant*) « mes intentions ». Mais quelles intentions?

LA COMTESSE

Peu importe. (*Dictant*) « Je ne veux pas que ce malentendu dure une minute de plus. »

LE DOMESTIQUE

A la moutarde, monsieur le comte?

LE COMTE

(*Au domestique*). Et du café très-fort. (*Écrivant*) « Que ce malentendu à la moutarde dure... »(*froissant la lettre et la jetant*) Et cet imbécile qui me fait écrire des choses insensées... le burlesque se mêlant aux plus graves préoccupations! (*Il prend une autre feuille de papier et écrit*)... M'y voilà, ma chère.

LA COMTESSE

(*Dictant*) « Venez, mon cher abbé, venez; je veux vous ouvrir mon cœur... »

LE COMTE

Je n'y comprends absolument rien. « Vous ouvrir mon cœur... »

LA COMTESSE

« Et détruire d'un mot les préventions que l'étourderie de ma femme a pu faire naître en vous. »

LE COMTE

Mais, ma chère amie, je vous accuse d'étourderie dans cette lettre ?

LA COMTESSE

Assurément. (*Elle fait résonner le timbre*) Je vous expliquerai cela plus tard. Maintenant (*au domestique qui vient d'entrer*) cette lettre à l'abbé Leroux. Il faut courir après lui ; pas une minute de retard, et que dans un quart d'heure il soit ici ; (*sort le domestique*) et il y sera, j'en réponds.

LE COMTE

Puis-je au moins savoir comment je devrai ouvrir mon cœur à ce bon abbé ?

LA COMTESSE

Ouvrez-lui tout simplement votre bourse ; l'achat des Herbiers n'est qu'une affaire d'argent. (*On frappe à une petite porte de gauche*) Je vous laisse, et ne désespérez pas.

LE COMTE

Qui peut venir de ce côté ? (*Haut*) Entrez.

SCÈNE SEPTIÈME

LE COMTE, LE SOUS-PRÉFET BOIS DE GROSLAU.

LE COMTE

Ah ! mon cher sous-préfet, soyez le bienvenu.

LE SOUS-PRÉFET

J'ai dû faire le grand tour. Je suis venu par le parc. Vous m'excusez de pénétrer ainsi sans me faire annoncer,

mais je ne voulais pas être vu. Ma présence ici en un
pareil moment ne pourrait que vous nuire.

LE COMTE

Votre présence me nuire !

LE SOUS-PRÉFET

Oui vraiment. Cette circonscription est tout à fait
exceptionnelle. Partout ailleurs les choses marchent rondement, mais ici je sens que l'opinion me glisse dans les
mains. Les esprits sont troublés, inquiets... en un mot, la
situation est des plus tendues.

LE COMTE

En ma faveur ?

LE SOUS-PRÉFET

Pas précisément, mon cher comte. J'ai même des
craintes.

LE COMTE

Il y a trois jours vous m'assuriez...

LE SOUS-PRÉFET

Il y a trois jours tout allait au mieux, cela est vrai. A
l'heure qu'il est, rien n'est perdu, mais tout dépend des
comités. Dans l'état des esprits, leur décision est pour
vous une question de vie ou de mort.

LE COMTE

Cela est déplorable !

LE SOUS-PRÉFET

Déplorable à coup sûr, mais il faut agir. Rendez-vous
ce soir même aux deux comités, vers la fin de la séance
lorsque la discussion aura ébranlé les esprits, et alors

portez un grand coup: proclamez hardiment votre école laïque ; vous n'avez que trop tardé.

LE COMTE

Je n'ai que trop tardé... C'est qu'il y a l'archevêché... Et si je la proclamais religieuse ?

LE SOUS-PRÉFET

Oh ! mon Dieu, je n'y verrais pas grand mal, mais, avant tout, proclamez, il faut proclamer.

LE COMTE

Fort heureusement, mon indépendance est intacte et je peux à mon gré porter le grand coup à droite ou à gauche. Que voulons-nous en somme ?

LE SOUS-PRÉFET

Avoir la majorité.

LE COMTE

Et par ce moyen faire le bonheur du pays. Qu'importe la voie que l'on suit, si le but est atteint ?

LE SOUS-PRÉFET

Quant à la profession de foi, je l'ai lue avec un extrême plaisir. Élévation dans les idées (*il cherche dans sa poche*), noblesse dans le style... Ah ! la voici (*il déplie le papier*). Cela est remarquable ; et si je me suis permis quelques annotations au crayon, c'est uniquement...

LE COMTE

Ma conviction est que, pour parler aux masses, il faut toujours rester à une certaine hauteur.

LE SOUS-PRÉFET

Fort juste.

LE COMTE

Il faut éviter toutes les mesquines considérations de personne et de parti.

LE SOUS-PRÉFET

Vous avez obtenu ce résultat. Je me permettrai de vous soumettre quelques passages... Voyons, voyons. (*Il lit très-rapidement et comme un avoué qui parcourt un acte.*) « Messieurs, un mot encore. En m'offrant à vos suffrages, je ne cède pas, je le répète... » Ça n'est pas cela. « ... Né dans le pays, vivant au milieu de vous... » Très-bien, très-bien, ça n'est pas cela. « ... Le dévouement inébranlable... inébranlable... inébranlable... » C'est plus loin.

LE COMTE

(*Qui témoigne une certaine impatience depuis le commencement de la lecture.*) Je vous ferai remarquer que la façon un peu rapide dont vous lisez...

LE SOUS-PRÉFET

L'heure nous presse ; il faut que ces épreuves soient corrigées ce soir.

LE COMTE

Je ne vous dis pas, mais la façon de lire peut parfois dénaturer complétement la pensée, ou tout au moins... (*Déclamant.*) « Messieurs, un mot encore. En m'offrant à vos suffrages... » Vous sentez, je ne m'abaisse pas, je reste à cette hauteur dont je vous parlais tout à l'heure. Mais si vous dites : « Messieurs, un mot encore. En m'offrant à vos suffrages... » c'est tout différent ; je semble faire une concession, ce qui n'est pas dans mes habitudes ; je parais descendre à une discussion de détails, à une explication familière, j'invite à la réplique.

LE SOUS-PRÉFET

Je sens fort bien tout cela.

LE COMTE

Pas autant peut-être qu'il serait nécessaire. Ce discours est écrit avec un certain soin et, j'ose le dire, chaque expression a été pesée, de sorte que la diction, le débit de ce morceau ne saurait être négligé — je vous demande pardon d'insister, mais la chose est importante — ne saurait être négligé, sous peine d'en compromettre l'effet.

LE SOUS-PRÉFET

Je m'en rapporte à votre éloquence, mon cher comte, pour redonner à ce discours tout son éclat... Tenez, voici la phrase sur laquelle je voulais attirer votre attention : « Trop longtemps notre malheureux pays, ainsi qu'un frêle esquif... »

LE COMTE

Je dis malheureux dans le sens d'infortuné... Pays infortuné, au point de vue politique, bien entendu... Pays victime des intrigues et des passions... pays infortuné en un mot ; malheureux pays exposé aux orages, aux tempêtes... et alors l'image de l'esquif se présente d'elle-même, tout naturellement.

LE SOUS-PRÉFET

Je l'admets volontiers, mais...

LE COMTE

Oh! vous pouvez continuer ; tout est pesé, tout s'enchaîne logiquement.

LE SOUS-PRÉFET

« ... Ainsi qu'un frêle esquif, fut ballotté parmi les écueils de l'anarchie. Consolidons les bases... »

LE COMTE

Après ces mots : écueils de l'anarchie, il y a un temps, un arrêt ; l'esprit est comme accablé devant cette image saisissante et navrante à la fois. Les écueils de l'anarchie ! Que de souvenirs, que d'enseignements dans le passé, que de menaces dans l'avenir ! Ah ! comprenez-vous, il y a là un ah ! une sorte de soupir, un besoin de recueillement.

LE SOUS-PRÉFET

Je lis en courant pour plus de promptitude.

LE COMTE

Et vous avez tort, mon cher ami. Il y a certaines choses que l'on ne doit pas lire en courant. (*Il sourit avec indulgence*) Consolidons les bases, disiez-vous.

LE SOUS-PRÉFET

« Consolidons les bases inébranlables du trône... » Nous effaçons inébranlables, n'est-ce pas ?

LE COMTE

(*Piqué*) Et pourquoi cela ?

LE SOUS-PRÉFET

Si nous avons à consolider ces bases, c'est qu'elles sont ébranlées, et si elles sont ébranlées (*Le comte boutonne sa redingote — froid et hautain*), c'est qu'elles ne sont pas inébranlables.

LE COMTE

Permettez : j'avais cru, je crois encore avoir fait une œuvre sérieuse en écrivant ces pages, et franchement je m'imaginais être à l'abri de ces subtilités byzantines... Je le disais l'autre jour, non sans amertume, au duc de Planskaski, un des esprits les plus fins et les plus délicats.

LE SOUS-PRÉFET

... skaski... connais pas.

LE COMTE

Famille polonaise. Je lui disais : « Mon cher duc, l'esprit de critique et d'analyse qui ronge notre époque signifie : émiettement et stérilité. » Le duc me répondit avec tristesse : « Vous avez raison. » J'ajouterai, mon cher sous-préfet, (*il s'anime*) que pas un discours, pas une page de notre littérature ne resterait debout sous l'action corrosive de la critique moderne. Pas une page, pas une ligne, pas un mot. Cette analyse, acerbe, hostile, m'indignerait, ou me ferait sourire dans la bouche de n'importe qui. Venant de vous, elle m'afflige.

LE SOUS-PRÉFET

Mais vous exagérez étrangement. Il s'agit simplement d'un léger lapsus, d'une erreur matérielle.

LE COMTE

Ce sont les erreurs matérielles qui amènent les catastrophes. En 1815, il y avait du son dans les cartouches ; on allégua aussi une erreur matérielle...

LE SOUS-PRÉFET

Excusez-moi, mon cher comte, et laissons l'adjectif nébranlable, puisque vous y tenez.

LE COMTE

Je vous mets au défi d'en trouver un autre qui rende ma pensée avec autant d'énergie.

LE SOUS-PRÉFET

(*Lisant*) « Consolidons les bases... inébranlables du trône. » C'est fort bien. « De nos convictions, formons un faisceau, si j'ose dire, qui soit comme un piédestal immense, au sommet duquel l'État flotte à pleines voiles vers ses glorieuses destinées. » Est-ce que vous ne trouvez pas qu'il y a là une image un peu forcée?

LE COMTE

Pas du tout. Je trouve cela très-bien. Je n'en serais pas l'auteur, que je le dirais de même : cela est fort bien.

LE SOUS-PRÉFET

J'aurais préféré, je ne vous le cache pas, quelque chose de plus...

LE COMTE

Comment! vous écourtez, vous tronquez, vous massacrez ma période, et vous prétendez ensuite la juger.

LE SOUS-PRÉFET

Pas le moins du monde.

LE COMTE

Je vous demande pardon, vous coupez court.

LE SOUS-PRÉFET

Il y a un point.

LE COMTE

Et que m'importe votre point! c'est le développement, l'enchaînement des pensées, l'ordonnance des phrases... Voici ce que je dis : (*Il déclame*) « L'État qui nage à pleines voiles... »

LE SOUS-PRÉFET

Qui flotte.

LE COMTE

Qui nage ou qui flotte, je n'y tiens pas; à pleines voiles — c'est une figure — « vers ses glorieuses destinées. On a voulu troubler votre confiance par des paroles coupables; sur certaines questions il faut parler avec franchise... »

LE SOUS-PRÉFET

Sur quelles questions?

LE COMTE

(*Déclamant toujours*) « Sur toutes les questions, il faut parler avec franchise et appeler la lumière. La paix, messieurs, veut dire prospérité, comme aussi la guerre veut dire grandeur. Il n'est pas une âme vraiment française qui devant cette double vérité ne se sente frémir d'orgueil. Électeurs de la septième circonscription, il n'est pas de prospérité sans grandeur, il n'est pas de grandeur sans prospérité! » (*Le comte reste quelques instants la main dans sa redingote en face du sous-préfet, qu'il semble interroger du regard.*)

LE SOUS-PRÉFET

Il y a de l'élan.

LE COMTE

Et de la chaleur. Il le fallait absolument. C'est une vue d'ensemble qui résume assez bien...

LE SOUS-PRÉFET

Assurément.

LE COMTE

N'est-ce pas? et d'une façon...

LE SOUS-PRÉFET

Plus...

LE COMTE

C'est aussi mon impression.

LE SOUS-PRÉFET

Mais l'heure nous presse, mon cher comte, nous presse cruellement. Si vous m'en croyez, ne lancez cette seconde profession de foi qu'après la réunion des comités.

LE COMTE

Les comités ne me font pas peur. Et, comme je le dis plus loin dans mon discours : « Plus de faux-fuyants... la confiance est le flambeau des âmes fortes. »

LE SOUS-PRÉFET

Raison de plus : pas de discours, mais des actes. Présentez-vous à la fin de la séance et baptisez votre école, hardiment, simplement. Tout est là, croyez-moi. Je me sauve; ma présence est absolument nécessaire à la Sous-Préfecture. Adieu, adieu, cher comte. (*Il sort.*)

SCÈNE HUITIÈME

LE COMTE, LE DOMESTIQUE.

LE COMTE

(*Au domestique qui entre*) Que veux-tu, Joseph? Parle, mon vieux camarade. (*Fredonnant*) Il n'est pas de grandeur sans prospérité... il n'est pas de prospérité sans grandeur; mais... le sous-préfet n'est qu'un sot. Eh! eh! eh! que veux-tu me dire?

LE DOMESTIQUE

Le bain de pieds attend monsieur le comte.

5

LE COMTE

Eh bien! prends-le pour toi. Je n'en ai plus besoin. Je me sens mieux, beaucoup mieux. L'approche d'une lutte décisive excite mon courage et centuple mes forces. Il y a là, ce me semble, quelque chose de providentiel.

LE DOMESTIQUE

Monsieur le maire est venu pour demander à monsieur le comte...

LE COMTE

Tu lui as dit que j'étais accablé d'affaires.

LE DOMESTIQUE

Aussi monsieur le maire est-il parti en s'excusant.

LE COMTE

Il a cela pour lui, qu'il est respectueux, ce maire.

LE DOMESTIQUE

En s'excusant et en priant monsieur le comte de lui envoyer le... tex... le texte.

LE COMTE

Oui, le texte; le texte de quoi?

LE DOMESTIQUE

Le texte de l'improvisation pour les pompiers.

LE COMTE

C'est ma foi vrai : je ne songeais plus au toast que je dois improviser au banquet des pompiers.

LE DOMESTIQUE

Les artificiers sont en bas.

LE COMTE

C'est bon, c'est bon ; qu'ils attendent.

(Sort le domestique.)

SCÈNE NEUVIÈME

LE COMTE, LA COMTESSE, LEDOYEN.

LA COMTESSE

(*Avec animation*) Il est là !

LE COMTE

Qui ?

LA COMTESSE

L'abbé Leroux. Enlevez l'affaire coûte que coûte et à fond de train.

LE COMTE

L'abbé Leroux, je l'avais oublié. Oh ! j'en aurai raison !

LEDOYEN

Voici l'acte en double, tout préparé ; une bonne signature au bas et tout est dit.

LE COMTE

(*Mettant les deux actes dans un tiroir*) C'est fort bien.

LA COMTESSE

(*En se retirant suivie de Ledoyen, avec un geste énergique et gracieux*) Foudroyez-le.

SCÈNE DIXIÈME

LE COMTE, L'ABBÉ LEROUX, puis LE DOMESTIQUE.

LE DOMESTIQUE

(*Annonçant*) Monsieur l'abbé Leroux.

L'ABBÉ LEROUX

(*Fort ému*) Une rechute de Monseigneur m'oblige à ne
rester qu'un instant.

LE COMTE

Ah ! que me dites-vous là !

L'ABBÉ LEROUX

Ce fut comme un coup de foudre ; à ce qu'il paraît, car
je n'ai pu voir notre vénéré pasteur, ayant été rejoint par
votre domestique au moment même où je rentrais à l'Archevêché. Il ne fallait rien moins que le touchant abandon de
votre petit mot, monsieur le comte, pour me faire revenir
sur mes pas... mais, vous le comprenez, mes moments
sont comptés.

LE COMTE

Les miens aussi ; ne craignez rien, je serai bref. Parlons
sans détours. Je l'ai écrit quelque part : la franchise est
le flambeau des âmes fortes. Parlons donc sans détours.
En me vendant les Herbiers vous souhaitez que le sort de
Claude soit assuré ? Je lui donne à bail la ferme de La
Brèche. Voilà qui est fait. Maintenant...

L'ABBÉ LEROUX

Ne revenons pas, je vous en conjure, sur ce pénible
sujet. Je n'ai ni le temps ni le sang-froid nécessaires
pour traiter une semblable affaire. Qui nous presse ?
Attendons le printemps. Mon cœur, mon devoir m'appellent
au chevet de notre cher malade. Souffrez que je me retire.

LE COMTE

Permettez-moi deux mots. J'ai fort grande envie de
votre propriété, c'est entendu. Vous profitez de la situation particulière où je me trouve, je ne vous en fais pas un

crime, mon cher ; les affaires sont les affaires. Vous profitez donc de ma situation pour me faire payer votre petit
terrain dix fois ce qu'il vaut. C'est fort bien.

L'ABBÉ LEROUX

Veuillez remarquer que vous venez m'offrir un marché
que je ne souhaitais pas, qui me répugne encore, dont
l'idée seule me cause une véritable douleur. Or, dans cette
situation, sur quoi voulez-vous que je me base pour esti-
mer le prix des Herbiers, si ce n'est sur la grandeur des
regrets que j'éprouve à m'en déposséder ? (*Il s'asseoit.*)

LE COMTE

Assurément, vous êtes dans votre droit ; mais l'extrême
envie, que j'ai de votre bien, pourrait ne pas être éternelle,
et le temps que vous demandez pour réfléchir me paraît
être bien dangereux pour vous. Je ne comprends pas
bien d'ailleurs la grandeur des regrets dont vous parlez.
J'admets, je respecte même les souvenirs de famille qui
vous rattachent à cette masure ; mais l'amour que vous
ressentez pour elle est en vérité bien platonique, car je ne
sache pas qu'en dix années vous ayez mis deux fois le
pied sur votre patrimoine. Excusez ma franchise ; je n'ai
pas le temps de faire autrement.

L'ABBÉ LEROUX

Le seul désir dont vous voulez bien honorer mon coin
de terre suffirait à en centupler la valeur, monsieur le
comte, veuillez le croire.

LE COMTE

(*Riant*) Ah ! centupler ! c'est énormément trop. Voyons,
soyons sérieux. (*D'une voix douce*) Les Herbiers, vous le
savez comme moi, n'ont aucune valeur, vous n'en tirez
aucun profit.

L'ABBÉ LEROUX

Permettez-moi de vous arrêter là. L'insignifiance du loyer, que depuis douze ou quinze ans j'accepte sans impatience, loin de diminuer la valeur foncière des Herbiers, ne l'augmente-t-elle pas au contraire ?

LE COMTE

Expliquez-vous.

L'ABBÉ LEROUX

N'est-il pas juste que le capital que vous m'offrez me fasse oublier quinze années de sacrifice ?

LE COMTE

Quinze années de sacrifice ? Eh bien, effaçons le souvenir de chacune de ces années par un billet de mille francs et finissons. J'agis largement, comme vous le voyez.

L'ABBÉ LEROUX

Vous êtes bien pressé, monsieur le comte.

LE COMTE

Eh ! par Dieu, si je ne l'étais pas, vous ferais-je de semblables propositions? Quinze mille francs !

L'ABBÉ LEROUX

C'est trop...

LE COMTE

Peu importe !

L'ABBÉ LEROUX

Trop... pour moi ; pas assez pour vous, peut-être, monsieur le comte. Comment m'expliquerais-je votre énorme empressement à vouloir acheter cette propriété, si je ne vous supposais la louable pensée de lui redonner dans l'avenir une valeur considérable, que les circonstances probablement ont fait méconnaître jusqu'à présent ? Puis-je oublier que, dans le faible arbrisseau que je vous cède, il y a un chêne puissant dont vous tirerez sans doute un incalculable profit ?

LE COMTE

Mais alors...

L'ABBÉ LEROUX

Puis-je de gaieté de cœur déposséder de cette petite fortune mes humbles héritiers, ou, à défaut d'héritiers, les pauvres qui sont nos enfants à nous ? (*Il se lève*) Mais l'état de Monseigneur ne me permet vraiment pas de rester davantage. Veuillez agréer mes respects. (*Il salue.*)

LE COMTE

L'abbé... vingt mille francs. Je vais jusqu'à vingt mille, et terminons.

L'ABBÉ LEROUX

(*Avec réserve*) Vous avez la main lourde, monsieur le comte.

LE COMTE

Pardonnez-moi cette brusquerie, mon cher. Je vous ai promis de vous ouvrir mon cœur ; eh bien, voilà le fond de mon cœur : vingt mille francs, mais pas un liard de plus.

L'ABBÉ LEROUX

Vous me parlez à cœur ouvert : je veux imiter votre exemple. Les propositions dont vous honorez ma petite propriété me furent faites, il y a peu de temps, par les frères des Écoles chrétiennes, qui, trouvant les Herbiers merveilleusement situés, voulaient y fonder un établissement. Vous le dirai-je ?...

LE COMTE

(*A part*) Cela ne sera pas, morbleu !

L'ABBÉ LEROUX

Vous le dirai-je ? En dépit de l'excellence du but, je fus faible avec les bons frères, comme je suis faible avec vous, et, aujourd'hui encore, entre ces deux offres également honorables, je reste douloureusement indécis.

LE COMTE

Croyez-vous que les bons frères sont gens à vous donner, sur l'heure, argent comptant, à la signature de l'acte, vingt-cinq bons mille francs, ainsi que je le fais moi-même ? (*Attitude du comte noblement triomphante.*)

L'ABBÉ LEROUX

Pauvres bons frères ! de quoi ne sont-ils pas capables lorsqu'il s'agit de soulager les pauvres, d'éclairer et de soutenir les faibles ! (*Saluant*) Monsieur le comte, j'ai l'honneur...

LE COMTE

(*Prêt à éclater*) Savez-vous, l'abbé, qu'un fil, si solide qu'il soit, finit par se rompre, et qu'à pousser trop loin une plaisanterie on s'expose...

L'ABBÉ LEROUX

(*Froidement*) J'abuse de vos instants, monsieur le comte.

LE COMTE

(*A part*) Du calme, et finissons-en. (*Haut*) Voyons, mon cher abbé, que vous ai-je offert ? car, en vérité, je perds la tête au milieu de ce chaos : vingt-cinq mille francs, ce me semble ?

L'ABBÉ LEROUX

Ou trente mille, je ne sais au juste.

LE COMTE

N'est-ce pas plutôt vingt-huit?

L'ABBÉ LEROUX

Autant qu'on peut se fier à son oreille, c'est trente mille que vous avez dit.

LE COMTE

Eh bien, je n'ai qu'une parole. Puisque j'ai dit trente mille, il n'y faut rien changer. Maintenant, signons. L'acte est tout préparé.

(Il tire les papiers du tiroir.)

L'ABBÉ LEROUX

(Avec un soupir profond) Ah! qu'il m'en coûte!

LE COMTE

Et à moi donc! *(Il regarde à sa montre et signe les deux papiers.)* A votre tour.

L'ABBÉ LEROUX

Mais rien ne nous presse, monsieur le comte.

LE COMTE

Je vous demande pardon, terminons cela. Vous n'avez qu'à signer et tout sera dit.

L'ABBÉ LEROUX

Oui, tout sera dit. Un trait de plume suffit à briser les liens les plus chers.

LE COMTE

Et à vous enrichir du même coup. Hésiteriez-vous par hasard?

L'ABBÉ LEROUX

Eh ! non, je n'hésite pas, mais, du moins, je veux lire cet acte. Je ne suis pas familier avec ces sortes de choses et je voudrais me recueillir un instant.

LE DOMESTIQUE

(*Entrant*) Les artificiers demandent à parler à monsieur le comte, et monsieur le maire désirerait...

LE COMTE

C'est bon. (*A part*) Ne peuvent-ils me laisser cinq minutes de tranquillité ! (*A l'abbé*) Vous voulez lire ces actes, je le comprends, mon cher abbé. C'est la chose du monde la plus simple. Entrez dans ce cabinet pendant que je reçois ces gens ; c'est l'affaire d'un instant, et revenez signer.

L'ABBÉ LEROUX.

Je ne serai pas long. (*Il entre dans un cabinet à gauche.*)

LE COMTE.

Faites entrer les artificiers.

LE DOMESTIQUE.

Ils ne veulent pas déranger monsieur le comte ; ils demandent seulement s'ils doivent placer l'aigle au-dessus de la fontaine.

LE COMTE.

L'aigle au-dessus de la fontaine ? (*Méditation. A part.*) Si je la promets laïque, l'aigle est un non-sens... D'autre part, ma profession de foi... (*Haut*) Que l'on dispose d'abord la fontaine et que l'on mette l'aigle dans la remise en attendant ma décision... Vois-tu, Joseph, je crains que la charpente ne soit pas assez solide.

LE DOMESTIQUE

Très-bien, monsieur le comte. Il y a aussi le maire qui demande le tex... le texte pour l'improvisation.

LE COMTE.

Dans un instant il l'aura. (*Sort le domestique.*)

SCÈNE ONZIÈME

LE COMTE seul.

(*Il se met vivement à son bureau et cherche parmi les papiers.*) Je l'ai quelque part cette improvisation... Ah ! la voici :

(*Il lit*) « Sapeurs pompiers, je viens ici sans pompe (*il écrit*). » — Hilarité probable. Il faut lui mettre les points sur les I à ce brave maire — (*lisant*) « sans pompe, fraternellement, vous exprimer la joie que je ressens à me trouver au milieu de vous. Nous voulons tous la prospérité du pays... etc... extinction de l'ignorance, entretien des chemins vicinaux, etc. En vous offrant un rouleau compresseur d'un maniement commode (*il écrit*). » — Bravos prolongés. — « Ne me remerciez pas mes amis... etc., etc., en créant une école vaste, bien aménagée (*il écrit*) » — Bravos interminables. — « Assez, je vous en conjure... » (*On entend du bruit à la porte*) Quoi ? qu'est-ce encore ? entrez.

SCÈNE DOUZIÈME

LE COMTE, LA COMTESSE furieuse, LEDOYEN haletant.

LEDOYEN

(*Extrêmement ému*) Les comités...

LE COMTE

J'y vais, j'y cours ; il est temps, n'est-ce pas ? (*A la comtesse*) L'affaire est conclue avec l'abbé.

LEDOYEN

Hélas ! monsieur le comte.

LA COMTESSE

Conclue à combien ?

LE COMTE

Peu importe la somme ! à trente mille francs.

LEDOYEN

Je sors des comités... Dès l'ouverture de la séance, le tumulte fut à son comble. Je ne sais sous quelle influence... hélas...

LE COMTE

Parlez, Ledoyen, parlez.

LEDOYEN

Au début même de la discussion, votre nom a été rayé sur les deux listes avec une sorte de rage... Je ne trouve pas d'autre mot pour exprimer le vertige qui s'empara de ces malheureux.

LE COMTE

Réfléchissez à vos paroles, Ledoyen, car, à vous en croire, ma candidature serait absolument perdue.

LEDOYEN

Le malheur est irréparable, monsieur le comte.

LA COMTESSE

C'est une insulte faite à votre nom.

LE COMTE

Avant même de m'entendre, ils se permettent...

LEDOYEN

Il y a machination, manœuvre infernale...

LE COMTE

Taisez-vous, monsieur. Pauvre pays, seras-tu donc éternellement le jouet des intrigues? C'est lâche cela, c'est lâche.

LA COMTESSE

Trente mille francs! mais aussi pourquoi précipiter cette signature! L'abbé Leroux ne...

LE COMTE

Chut! il est là dans ce cabinet.

LA COMTESSE

Cela n'est donc pas complétement terminé?

LE COMTE

J'ai signé, mais pas lui.

LA COMTESSE

Dieu soit loué! Laissez-moi seule, il n'y a pas un moment à perdre. Laissez-moi.

LE COMTE

Venez, Ledoyen.

(Sortent le comte et Ledoyen.)

SCÈNE TREIZIÈME

LA COMTESSE seule, puis L'ABBÉ LEROUX.

LA COMTESSE

Ah! si j'étais homme! (*Elle se dirige vers la porte du*

cabinet et *frappe doucement avec un sourire. D'une voix angélique*) Vous êtes là, mon cher abbé ?

L'ABBÉ LEROUX

(*Derrière la porte*) Oui, madame la comtesse. (*La porte s'ouvre, entre l'abbé.*)

LA COMTESSE

Savez-vous que Monseigneur est fort mal en ce moment ? Il vient d'avoir une rechute grave... très-grave, à ce qu'on dit.

L'ABBÉ LEROUX

(*Avec assez de calme*) Fort heureusement Monseigneur a un tempérament de première force.

LA COMTESSE

Sans doute, et puis il y a peut-être quelque exagération dans cette alarme. Mais je ne veux pas vous retenir dans un moment où votre présence est si nécessaire à l'Archevêché. (*Regardant les deux papiers que l'abbé tient à la main*) Qu'est-ce que cela ? Ah ! je sais, ce sont, n'est-ce pas ? les actes de cette vente... Ah ! mon Dieu ! le comte vient de m'en toucher un mot. Excusez l'insistance, l'espèce d'obstination qu'il y a mise : il ignorait absolument l'état alarmant de Monseigneur. Ce soir, demain, nous reparlerons de tout cela.

L'ABBÉ LEROUX

Rassurez-vous, madame, la crise dont vous parlez était prévue.

LA COMTESSE

Ah ! tant mieux. Je suis impressionnable à l'excès, et quand on m'a appris en bas que les nouvelles de l'archevéché étaient mauvaises, que de plus vous étiez retenu ici par mon mari, oh! alors, j'ai perdu la tête.

L'ABBÉ LEROUX

Remettez-vous.

LA COMTESSE

C'est plus fort que moi, vous savez.

L'ABBÉ LEROUX

Je sais en effet combien les natures délicates et fines... mais rien d'important ne me retient plus ici, et je vous demande la permission de retourner immédiatement auprès de notre cher malade.

LA COMTESSE

C'est cela, courez, courez, mon cher abbé... A demain les affaires; Monseigneur avant tout.

L'ABBÉ LEROUX

(*Déposant sur le bureau l'un des actes de vente*) Aurez-vous l'extrême bonté de dire à monsieur le comte que je laisse sur son bureau l'acte de vente?

LA COMTESSE

Oui, oui, cela n'a pas d'importance ; vous signerez cela demain, quand bon vous semblera.

L'ABBÉ LEROUX

(*Avec un soupir*) Tout est signé, madame. Il y avait dans la pièce voisine une écritoire (*il plie soigneusement le double de l'acte et le met dans sa poche*), et, comme monsieur le comte était extrêmement pressé, j'ai apposé mon nom au bas de ce papier, si dur d'ailleurs que me fût ce sacrifice.

LA COMTESSE

Vous, mon cher abbé, victime par le fait du comte! ah! que je déplore cette inconcevable obstination.

L'ABBÉ LEROUX

Hélas! madame, votre précieuse sympathie vient apporter à mes petits chagrins une bien tardive conso-lation.

LA COMTESSE

Il n'est jamais trop tard de réparer le mal. Que n'êtes-vous venu me demander alliance défensive?

L'ABBÉ LEROUX

Mais vous-même, madame la comtesse, n'insistiez-vous pas pour m'amener à la vente de ces pauvres Herbiers?

LA COMTESSE

Ai-je vraiment insisté? C'est possible, mais en bonne conscience pouvais-je prévoir que cette insistance vous navrait à ce point? Encore une fois, que ne m'avez-vous tout dit? Les femmes, vous le savez, sont pour les choses délicates du cœur particulièrement bien douées. Je vous aurais compris, je vous aurais aidé, j'aurais agi... je vous aurais épargné tous ces chagrins, pauvre exproprié.

L'ABBÉ LEROUX

Je ne saurais m'en cacher, mon cœur se serra lorsqu'il fallut signer cet acte qui me dépossédait à tout jamais de mon humble toit; mais bientôt je me demandai s'il n'y avait pas dans une douleur semblable une trop grande attache aux avantages passagers de ce monde; si la Pro-vidence ne m'envoyait pas à dessein cette petite épreuve; et je trouvai dans des préoccupations d'un ordre plus élevé l'oubli de ces misères.

LA COMTESSE

Votre douleur me fait mal, mais pourquoi vous désespérer ? Faut-il en vérité qu'un marché conclu au milieu du trouble et de l'inquiétude pèse à tout jamais sur vous ? Faut-il d'un trait de plume anéantir un doux avenir, effacer tout un passé, renoncer à ces chers ombrages, à la demeure au toit rougeâtre ? Et le petit verger si frais et si fertile (*l'abbé soupire*), et la fontaine à l'eau murmurante... Fiez-vous à moi et ce vilain rêve sera effacé pour toujours.

L'ABBÉ LEROUX

Si douce et si persuasive que soit votre influence auprès de monsieur le comte, vous croyez peut-être la victoire plus facile qu'elle ne le serait, et pour rien au monde je ne voudrais vous exposer, madame, à un échec dont votre trop grande bonté ne peut admettre la possibilité.

LA COMTESSE

Je réponds de tout. Annulons cette signature fatale. Dites un mot, faites un geste, et, je vous le déclare, la chose sera faite.

L'ABBÉ LEROUX

Acceptons les faits accomplis, madame, et ne changeons rien, croyez-moi, aux choses que les lois humaines ont revêtues de leur sanction. Je cours auprès de Monseigneur. (*Au moment de sortir il se ravise*) Oserai-je vous prier, madame, de transmettre à monsieur le comte un renseignement qui n'est pas sans importance, et que, dans son empressement à conclure l'affaire des Herbiers, monsieur le comte ne m'a pas donné le temps de lui communiquer, comme j'en avais l'intention. Voici le fait : les comités électoraux, pris de vertige sans doute, auraient pris le parti de rejeter d'un commun accord la candidature...

LA COMTESSE

De mon mari. Je le savais, merci.

L'ABBÉ LEROUX

Je l'ai appris hier matin, par hasard. Hélas! veuillez agréer, madame la comtesse, tous mes compliments de condoléance.

(L'abbé sort.)

SCÈNE QUATORZIÈME

LA COMTESSE, LE COMTE fort digne, puis LE DOMESTIQUE.

LE COMTE

Eh bien, madame, eh bien?

LA COMTESSE

Voilà l'acte de vente tout à fait en règle.

LE DOMESTIQUE

(*Entrant*) L'employé de la maison Sax demande à parler à monsieur le comte pour affaire importante.

LE COMTE

Qu'il aille au diable!

La toile tombe.

LE MARI QUI DORT

Comédie en un Acte, en Vers

Par M. EDMOND GONDINET

PERSONNAGES

OCTAVE.

RENÉ.

VALENTINE.

CÉCILE.

Un domestique.

La Scène se passe au château du grand-père de Cécile.

LE MARI QUI DORT

Un salon ouvert sur un parc.

SCÈNE PREMIÈRE

CÉCILE, VALENTINE.

Cécile tient son ouvrage et regarde par la fenêtre. — Valentine entre en
toilette de voyage.

VALENTINE, s'annonçant.

Madame de Chantreuil !

CÉCILE, avec joie.

Valentine !

VALENTINE, gaiement.

Elle-même.
Sais-tu que, pour venir, il faut vraiment qu'on t'aime ?
Quels chemins ! quel pays !

CÉCILE, lui tendant la main.

Et tu viens ; c'est charmant.

VALENTINE

Tu ne pouvais douter de mon empressement.
Ta lettre était si courte et si mystérieuse !
On t'a dit, n'est-ce pas, que j'étais curieuse ?

CÉCILE

Mais non.

VALENTINE

On t'a dit vrai. J'avoue en rougissant
Qu'un billet moins obscur m'eût paru moins pressant.
Vite ! en quoi ma présence est-elle nécessaire
Au château ?

CÉCILE

Ce n'est rien de grave.

VALENTINE

Sois sincère.

CÉCILE

Mon grand-père est souffrant.

VALENTINE

Veux-tu me consulter ?
C'est sa façon de vivre et de se bien porter.

CÉCILE

Nous attendons quelqu'un.

VALENTINE

Je comprends, un jeune homme.

CÉCILE

Comment le recevoir toute seule ?

VALENTINE

Il se nomme ?

CÉCILE

Monsieur de Génevray.

VALENTINE

Le marquis ?

CÉCILE

Son neveu.

VALENTINE

Ah! le jeune René?

CÉCILE

Tu le connais?

VALENTINE

Très-peu.
Tu veux donc que je sois ton chaperon?

CÉCILE

Méchante !

VALENTINE

Cela sied à mon âge.

CÉCILE, riant.

Elle a vingt ans!

VALENTINE

Soixante !
Quand on est mariée, on n'a jamais vingt ans :
Un mari nous vieillit comme les cheveux blancs.
Je suis bonne à jouer un rôle de grand'mère.
Ce... monsieur vient pour toi, n'en fais pas un mystère.
Vous vous aimez...

CÉCILE, baissant les yeux.

Un peu.

VALENTINE, souriant.

Beaucoup.

CÉCILE, ingénuement.

Je n'en sais rien.

VALENTINE, avec dépit.

Tes yeux le savent mieux, car ils le disent bien.

CÉCILE

René vient quelquefois; alors on nous marie
Dans le public.

VALENTINE

Déjà !

CÉCILE, étonnée.

Cela te contrarie ?

VALENTINE

Oui... J'avais un mari tout prêt à te donner,
Un mari que pour toi je viens de façonner.
J'ai posé le bandeau : tu n'avais rien à faire.
Il est riche, il sera député.

CÉCILE

Je préfère

René.

VALENTINE

Réfléchis bien, et vois mon embarras :
Je viens de m'engager.

CÉCILE

Tu te dégageras.

VALENTINE

Mais il t'aime à présent. Que veux-tu que j'en fasse ?
Tu me mets sur les bras un amoureux sans place !

CÉCILE

Comment se nomme-t-il ?

VALENTINE

Que t'importe son nom ?
Tu le regretteras.

CÉCILE

Oh ! j'espère que non.

VALENTINE

Ton cœur s'éveille à peine, et voilà qu'il s'arrête
Sur le premier voisin dont tu fais la conquête ;
Vous rêvez en duo, dans votre isolement :
Ce n'est pas de l'amour, c'est du désœuvrement !
Prends bien garde au réveil… Pour cette heure on t'adore ;
Les aveux sont-ils faits ?

CÉCILE

Non vraiment.

VALENTINE

Pas encore ?

CÉCILE

Dès que nous sommes seuls, nous restons, tous les deux,
Muets. Chacun de nous paraît presque honteux
De sentir son front rouge et ses regards humides.

VALENTINE

S'il n'en est qu'aux soupirs des amoureux timides,
Qui se font bien discrets pour vivre irrésolus,
Ce sera fort gênant, il ne partira plus.

CÉCILE

Eh bien ! tu resteras.

VALENTINE

Non pas : mon mari chasse.
Et voici trois grands jours que j'ai perdu sa trace.
Faut-il pour l'avertir faire battre les bois ?

CÉCILE

A quoi bon !

VALENTINE

S'il rentrait ? (*Souriant*) Il rentre quelquefois.

CÉCILE

Ne peut-il vivre seul ?

VALENTINE

Je ne sais. Il me semble
Qu'il est tout aussi seul quand nous sommes ensemble.
Mais les droits du mari...

CÉCILE

Bah ! les absents ont tort.

VALENTINE, souriant.

Je respecte toujours la raison du plus fort.

CÉCILE

Mais non, ton mari t'aime, et beaucoup, je t'assure.

VALENTINE

Oui, comme les bourgeois, amateurs de peinture,
Trouvant à la couleur de célestes appas,
Aiment les Titien qu'ils ne regardent pas.

CÉCILE

Tu le juges très-mal.

VALENTINE

Ah ! veux-tu le défendre ?

CÉCILE

Mais il est mon parrain. Je l'ai toujours vu tendre,
Affectueux, aimable.

VALENTINE

Et de là, tu conclus
Qu'il m'aime !... C'est possible.

CÉCILE

                    Et que veux-tu de plus,
Valentine ?

VALENTINE

          Je veux... je veux qu'il me le dise.
Il n'en a pas le temps, sa vie est si bien prise
Par l'amour du pouvoir et l'amour du plaisir !
Quand la Chambre lui laisse un instant de loisir,
Il met sa dignité prudemment dans sa poche
Et passe au vestiaire où l'air grave s'accroche.
Il redevient charmant pour les autres, et moi,
Je l'attends au logis, sans trop savoir pourquoi.

CÉCILE

Songe donc au travail d'un homme politique
Surveiller tous les jours l'opinion publique,
Être presque ministre !

VALENTINE

          Eh ! ce n'est rien du tout.
Quand un homme d'état sait bien dormir debout,
Il a tourné le cap, c'est le plus difficile.
Le talent est d'avoir la bêtise docile.
Il l'a. Mais revenons à notre candidat ;
Songe que j'ai promis d'être son avocat,
Qu'il mourrait de chagrin si je perdais sa cause.

CÉCILE

Est-il mieux que René ?

VALENTINE

          Mieux ? Il est autre chose.
Moins léger, moins ardent, moins brillant, mais parfait.
Ce n'est pas un futur : c'est un mari tout fait.

CÉCILE

Mais René. .

VALENTINE

Je l'ai vu chez le duc de Préfailles,
Dans le tohu-bohu d'un bal de fiançailles.

CÉCILE

Comment l'as-tu trouvé? Parle-moi sans détour.

VALENTINE

Je l'ai trouvé charmant, puisqu'il m'a fait la cour.

CÉCILE

Lui !

VALENTINE

Du premier quadrille au dernier, sans relâche,
Jusqu'à cette limite extrême où l'on se fâche.
J'étais en robe bleue et le bleu le charmait,
Paraît-il.

CÉCILE

Ton mari n'a rien dit ?

VALENTINE

Il dormait.
Pour chasser il se lève à l'heure où je me couche,
Et le soir il s'endort dès que j'ouvre la bouche.
Nous vivons, tu le vois, en termes excellents ;
Mais, certe, il n'est pas homme à troubler les galants.
On ne le voit jamais à côté de sa femme,
Si bien que l'on hésite à m'appeler madame.
Monsieur de Genevray, qui ne sait pas mon nom,
Doute encor...

CÉCILE

Tu ne l'as pas revu ?

VALENTINE

Mon Dieu ! non.

CÉCILE

Il ne t'aime donc pas ?

VALENTINE

En es-tu bien certaine ?
Il m'aimerait, ce soir, si j'en prenais la peine.

CÉCILE

Tu ne doutes de rien.

VALENTINE

Je te fais le pari
De plaire à ton futur bien plus qu'à mon mari.

CÉCILE

Un pari ! je le tiens.

VALENTINE

Vraiment ta confiance
M'épouvante.

CÉCILE

René n'a pas l'expérience
De ce monde blasé qu'il n'a jamais connu.

VALENTINE

Je n'augure pas mieux d'un cœur trop ingénu,
Qui n'a jamais appris ce que pèse une chaîne.
(Changeant de ton)
S'il me donnait raison ?...

CÉCILE

Je l'oublierais sans peine.

VALENTINE

Bien. Je te prends au mot.

CÉCILE

                    Ta tournure lui plaît

Au bal, c'est naturel.

VALENTINE

                    Le premier pas est fait.

CÉCILE

C'est ta robe surtout qui l'a frappé.

VALENTINE

                            Qu'importe !

Tu n'en perdras pas moins si ma robe l'emporte.

CÉCILE

J'ai tenu le pari,

VALENTINE

            Mais je t'en fais l'aveu,

Je triche.

CÉCILE

        Toi ?

VALENTINE, riant.

            J'ai vu les atouts dans mon jeu.

UN DOMESTIQUE

Puis-je annoncer monsieur de Génevray ?

CÉCILE, vivement.

                        Sans doute.

VALENTINE, au domestique.

Dans un moment. (*A Cécile*) Il faut se reconnaître. Écoute

Nous tentons une épreuve : est-ce bien entendu ?
Je serai le serpent et le fruit défendu.
Je vais tendre la pomme à ton petit prodige ;
Mais ne me trahis pas, c'est tout ce que j'exige.
A présent laisse-nous.

CÉCILE

Qui te présentera ?

VALENTINE

Je crois, sans me vanter, qu'il me reconnaîtra.

CÉCILE

Ce n'est pas régulier.

VALENTINE

C'est là ce qui t'arrête ?

CÉCILE

Que dira-t-il de moi ?

VALENTINE, la renvoyant. Elle sonne.

J'ai ton excuse prête :
Tu soignes ton grand-père. Adieu.

CÉCILE

Pourtant...

VALENTINE

C'est lui'

(Elle l'oblige à sortir.)

SCÈNE DEUXIÈME

VALENTINE, RENÉ.

UN DOMESTIQUE, annonçant.

Monsieur de Génevray.

RENÉ, entrant.

J'apprends...

(Il voit Valentine, et s'arrête stupéfait.)

Ah!

VALENTINE, comme si elle ne devinait pas la cause
de son étonnement.

Aujourd'hui
Vous ne rencontrerez, monsieur, qu'une étrangère.
Le marquis est atteint d'une grippe légère,
Et sa petite-fille, ange de dévouement,
Est près de lui. Daignez l'excuser un moment.
Elle est au désespoir.

RENÉ, toujours embarrassé.

Et pourquoi donc, madame?
J'ai dans cette maison des droits que je réclame :
Je suis presque voisin.

VALENTINE, souriant.

Et tout à fait ami.
Pourquoi ne me donner vos titres qu'à demi?
Je vous connais, monsieur. D'ailleurs, à la campagne,
On se connaît sitôt; l'intimité se gagne.
C'est un bonheur de rompre, aux premiers mots jetés,
Avec les lieux communs et les banalités.

RENÉ

C'est notre privilége, et pourtant je m'arrête
Sans oser rappeler une charmante fête...
Tant on se trouve gauche et presque humilié
A parler de si loin d'un danseur oublié.

VALENTINE

Oublié! non vraiment.

RENÉ

Quoi?

VALENTINE

                        J'aime trop la danse
Pour traiter ce plaisir avec indifférence.
Mais devais-je m'attendre à trouver mes valseurs
Au milieu de ces bois infestés de chasseurs ?
Comment résistez-vous à ce pays sauvage ?

RENÉ

J'y vis et c'est, je crois, le parti le plus sage.

VALENTINE

Il faudrait, ce me semble, un cœur bien agité
Pour animer un peu cette immobilité !
Moi, je n'y vivrais pas, et j'admire Cécile,
Qui fait plier à tout sa volonté docile.
Elle abhorre Paris de réputation,
Et chérit son désert par résignation.
Quelle heureuse nature ! et comme je l'envie!
Savoir aimer à point, c'est tout l'art de la vie.

RENÉ

Aimer à point, madame, est-ce aimer?

VALENTINE

                                    Je ne sais.
J'emploierais le vrai mot, si je le connaissais.
C'est aimer sans surprise, aimer avec prudence,
Et mettre son bonheur en sûreté. — Je pense
Que c'est très-sage.

RENÉ

					Oh ! moi, j'adore l'imprévu,
J'ai trop vite escompté le plaisir entrevu.
Demain me plaira moins si je sais ce qu'il donne ;
Les champs font l'existence exacte et monotone,
Et rien n'est plus cruel qu'un bonheur persistant
Qui vous poursuit toujours de son calme irritant.
Que de fois dans mon ciel j'ai cherché des nuages !
La fortune préserve un peu trop des orages ;
Elle fait les chemins trop unis et trop plats,
Elle arrange un amour dont on est vite las.

VALENTINE

L'autre amour éblouit peut-être à son aurore.
Il ressemble au soleil, qui, le matin, colore
Tout en rose un instant ; mais comme on est surpris
De retrouver après les nuages plus gris !

RENÉ, avec entraînement.

Faut-il donc, tous les soirs, régler son existence
Et compter son bonheur en marquant sa dépense ?
Laissons à la raison son rôle officiel.
C'est par le sentiment que nous touchons au ciel !
L'âme a besoin d'aimer. Il faut qu'elle se livre
Et que dans une autre âme elle se sente vivre.
Tout le reste est folie ou n'est rien.

VALENTINE, un peu émue.

					Je vous crois.

RENÉ

La femme mariée...

VALENTINE, s'oubliant.
					Est veuve quelquefois.

RENÉ

Veuve ?

VALENTINE, très-émue.

Il faut bien alors que l'âme se replie
Sur elle-même et souffre... O mon Dieu, je m'oublie.
(Ils s'arrêtent tous deux confus et n'osent se regarder.)

RENÉ, à part.

J'aurais dû m'en douter : elle était seule au bal.
Je comprends le penchant, irréfléchi, fatal,
Qui m'entraîne vers elle.

VALENTINE, à part, embarrassée.

Il se tait.

RENÉ, à part.

Cœur candide !
Sa beauté se dressait rayonnante et splendide
Entre Cécile et moi... je n'ai rien deviné.

VALENTINE, à part.

Que dire ?

RENÉ, à part.

Veuve !

VALENTINE, à part, embarrassée.

Il garde un silence obstiné.

RENÉ, haut, avec un air de circonstance.

Ne cachez pas les pleurs que je viens de surprendre :
Pleurez, madame.

VALENTINE, stupéfaite.

Moi ?

RENÉ, de même.

Pourquoi vous en défendre?
Rien n'est plus naturel que cette émotion.

VALENTINE, étonnée.

Mais voilà qui demande une explication.

RENÉ

Je viens de réveiller une douleur récente,
Sans le savoir, madame.

VALENTINE, à part.

Est-ce qu'il me plaisante?

RENÉ

J'ignorais ce malheur.

VALENTINE

Eh bien, que dit-il là?

RENÉ

La mort est sans pitié!

VALENTINE, à part.

C'est peu nouveau cela.

RENÉ

Il n'est pas de bonheur au monde qui l'émeuve,
Puisque votre mari...

VALENTINE, à part.

Comment! il me croit veuve!...
Veuve légalement!
(haut)
Oui, monsieur...

SCÈNE TROISIÈME

LES MÊMES, CÉCILE.

VALENTINE, à Cécile qui entre.

                              Ah! c'est toi,
Cécile ; — on t'excusait…
                    (Salutations.)

RENÉ, contrarié.
        Oui, sans doute.

VALENTINE

                              Pourquoi
Te déranger sitôt et laisser ton grand-père ?

CÉCILE
Son état n'est pas grave.

RENÉ
        Il descendra ?

CÉCILE

                              J'espère
Qu'il sortira demain ; mais vous pourrez le voir.

RENÉ

Ah ! vraiment ?

CÉCILE
        Oui, monsieur, il veut vous recevoir.

RENÉ
Il me gâte toujours ; j'y vais, mademoiselle.
    (Saluant.)
Madame !

                              7

VALENTINE

Le docteur vous cherchera querelle,
Si vous faites causer son malade.

CÉCILE, vivement.

Il va mieux.

RENÉ

Oh ! je serai discret.

(Il sort.)

SCÈNE QUATRIÈME

VALENTINE, CÉCILE.

VALENTINE

Pourquoi baisser les yeux ?
Tu parais inquiète : on dirait que tu n'oses
M'interroger.

CÉCILE

Moi ?

VALENTINE

Toi.

CÉCILE

Qu'est-ce que tu supposes ?

VALENTINE

Eh ! non, ce ne sont pas des suppositions.
Mais tu manques bien vite à nos conditions ;
Je devrais te gronder. Tu viens, en trouble-fête,
Te jeter brusquement dans notre tête-à-tête.

Ton voisin n'est pas mal. La conversation
Avait trouvé sa pente et sa direction.
Je l'ai suivi de loin, sans fausse pruderie.
Il s'égarait déjà dans cette rêverie
Qui mène forcément, sans secousse, aux aveux.

CÉCILE, vivement.

Mais il ne t'a rien dit?

VALENTINE, souriant.

Non, sans doute ; tu veux
Qu'il déclare sa flamme, à mon premier sourire !
Sois moins impatiente. Il n'a fait que s'inscrire.
Il me croit veuve.

CÉCILE, étonnée.

Toi ?

VALENTINE

Je peux, sans trop mentir,
Lui laisser son erreur.

CÉCILE, vivement.

Non, il faut l'avertir.

VALENTINE, souriant.

S'il me savait un maître, il aurait trop d'audace.
Je jette sur son cœur une douche de glace ;
Tu dois m'en savoir gré.

CÉCILE

Que diras-tu demain?

VALENTINE, riant.

Mais je veux, dès ce soir, lui refuser ma main.
Je veux absolument ma victoire complète.

CÉCILE, un peu piquée.

Je ne m'attendais pas à te trouver coquette.

VALENTINE, avec bonhomie.

Mon Dieu, si! je le suis, tu vois, par accident.

CÉCILE

C'est un jeu dangereux.

VALENTINE

Pour un cœur imprudent.
Mais ici le danger n'est pas pour moi.

CÉCILE

Tu penses
Que René follement s'est pris à tes avances?

VALENTINE

Les hommes, qui se croient très-supérieurs à nous,
Ne demandent, au fond, qu'à vivre à nos genoux,
En se laissant tromper.
(Avec malice.)
Tu n'es pas rassurée?

CÉCILE, avec dépit.

Oh! ma crainte serait au moins prématurée,
Conviens-en.

VALENTINE

Tu vas mettre en jeu ma vanité,
Cécile, et si mon cœur alors s'est emporté,
Je ne réponds de rien. C'est une maladresse...

CÉCILE, regardant dans l'avenue, avec joie.

Ah!

VALENTINE

Quoi?

CÉCILE, de même.

Je vois quelqu'un.

VALENTINE

Eh bien ?

CÉCILE

Qui t'intéresse.

VALENTINE, avec malice.

Ton futur ?

CÉCILE

Ton mari.

VALENTINE

Mon mari ?

CÉCILE

Le vois-tu,
Qui caresse ses chiens ? — Comme il est mal vêtu !
Mais qu'il a l'air content !

VALENTINE

C'est que la chasse est bonne.

CÉCILE

Il te dérange un peu.

VALENTINE

Non.

CÉCILE

Ton sang-froid m'étonne.
Tu ne peux donner suite à ton plan favori.

VALENTINE

Pourquoi?

CÉCILE, étonnée.

Tu seras veuve auprès de ton mari?

VALENTINE

Mon mari ! mon mari ! ce n'est pas une preuve.
Il arrive trop tard.

CÉCILE

L'histoire serait neuve !

VALENTINE

J'ai pris ce titre-là : c'est un fait accompli.
Je ne peux alléguer que c'était par oubli,
Une explication ne serait jamais claire.
Mon veuvage, d'ailleurs, commençait à me plaire.

CÉCILE

Mais ton mari?

VALENTINE

J'y songe, il ne fait que passer.
Il va, dans un instant, repartir pour chasser.
Qui me force à le voir?

CÉCILE

Oh ! c'est d'une imprudence !

VALENTINE, souriant.

Tu penses que son cœur trahira ma présence?
Rassure-toi.

CÉCILE

Tu veux...

VALENTINE

Il fait un temps charmant.
J'attendrai dans le parc, et, très-certainement,
J'y verrai ton voisin.

CÉCILE

Réfléchis, Valentine.

VALENTINE

Si mon mari me voit, Cécile. j'imagine
Qu'il aura le bon goût de paraître enchanté.
Je ne m'explique pas ton air épouvanté.
Ah ! le voici ! — Je vais achever ma conquête.

(Elle sort.)

SCÈNE CINQUIÈME

CÉCILE, OCTAVE.

OCTAVE, en costume de chasse, couvert de poussière ; — on
l'entend avant qu'il paraisse.

Le marquis est souffrant ? c'est sa faute ; il s'entête
A se croire trop vieux. (*Entrant*) Mais il vivra cent ans,
Je le connais !
(Voyant Cécile.)

Bonjour ! oh ! oh ! comme un printemps
D'une enfant, tout à coup, fait une demoiselle !
L'étiquette, à présent, dis-moi, me permet-elle
De t'aimer en parrain ?

CÉCILE

Mais c'est votre devoir.

OCTAVE

Eh bien, tant mieux, ma foi ! laisse-moi donc te voir.

CÉCILE

L'étiquette permet aussi que l'on m'embrasse.
(Vivement)
Vous dînez avec nous?

OCTAVE

Non vraiment, et ma chasse !

CÉCILE

Nous serions si contents !

OCTAVE

Je crains de déranger...

CÉCILE, vivement.

Et qui donc, s'il vous plaît?

OCTAVE

S'il vient un étranger?

CÉCILE, elle sonne.

Nous n'avons qu'un voisin.

(Elle parle à un domestique.)

OCTAVE

Un voisin! Je présume
Qu'il est chasseur?

CÉCILE

Oh! non.

OCTAVE

Tu vois bien ; mon costume
Ne serait pas compris.

CÉCILE

Voyons, c'est entendu,
Je vous fais prisonnier.

OCTAVE

Mais je suis attendu :
On ne peut pas, ma chère, abandonner la chasse
Comme on quitte le bal. Je te mets à ma place :
Notre meute poursuit un vrai gibier de roi,
Un grand vieux loup. Pendant que je cause avec toi,
On pourrait le forcer. — Vois à quoi je m'expose.

CÉCILE, avec intention.

Valentine va bien ?

OCTAVE

Oui, très-bien, je suppose.

CÉCILE

Comment ?

OCTAVE

Depuis trois jours, j'habite les forêts.

CÉCILE, avec menace.

Si j'étais votre femme...

OCTAVE

Eh bien..., tu chasserais ?

CÉCILE

Vous l'oubliez un peu.

OCTAVE

Comment !

CÉCILE

Est-ce bien sage ?

OCTAVE

Nous faisons, au contraire, un excellent ménage ;
Nous sommes très-heureux.

CÉCILE

Vous. Mais elle ?

OCTAVE

Elle aussi !

Et je n'ai jamais vu notre ciel obscurci.

CÉCILE

Il est noir. — Vous chassez beaucoup.

OCTAVE, à part, riant.

Elle m'amuse.

CÉCILE

Si l'on vous oubliait, on aurait une excuse.

OCTAVE

Que diable dis-tu là ? Tu veux m'épouvanter.

CÉCILE

Vous croyez-vous aimable ?

OCTAVE

Un peu, sans me vanter.

CÉCILE

Mais votre femme est seule, et vous vivez loin d'elle.

OCTAVE

Faut-il, pour l'égayer, rester en sentinelle ?

CÉCILE

Il faut...

OCTAVE

Être ennuyeux?

CÉCILE

Il faut être prudent.

OCTAVE

Ai-je quelque motif de craindre un accident ?
Tu me fais divaguer. Pendant que tu babilles,
J'oublierais tes seize ans. Oh ! les petites filles !
Elles ont le besoin de rire des maris,
Par instinct ! Devenons sérieux.

CÉCILE

J'y souscris.

OCTAVE

Je voudrais déjeuner.

CÉCILE

Et je vous fais attendre !
Que peut-on vous offrir ?

OCTAVE

Un rien, que je vais prendre
Ici même, en causant.

CÉCILE

Bien ! je vais vous gâter.

(René entre et s'arrête à la porte.)

SCÈNE SIXIÈME

CÉCILE, OCTAVE, RENÉ.

CÉCILE

Monsieur de Génevray ! (*Étonnée*) Pourquoi vous arrêter ?

RENÉ, avec embarras.

Ah ! pardon.

CÉCILE

D'où vous vient cette mine inquiète ?

RENÉ

Daignez me pardonner ; je cherche une voilette.

CÉCILE

Je la vois.

RENÉ

On l'attend.

CÉCILE

Bien. Je la remettrai.
Dans le parc, n'est-ce pas ?
(Les présentant.)
Monsieur de Génevray,
Et monsieur de Chantreuil. — Mon parrain, je vous laisse,
Pour m'occuper de vous.

OCTAVE

Mon enfant, rien ne presse.
(Cécile sort.)

SCÈNE SEPTIÈME

OCTAVE, RENÉ.

(René s'est approché de la fenêtre et regarde dans le parc.)

OCTAVE, à lui-même.

Monsieur de Génevray! (*A René*) Je...

RENÉ, sans le regarder, à lui-même.

Ce regard de feu,

Ce sourire!

OCTAVE, faisant un pas.

Monsieur!

RENÉ, de même.

C'était presque un aveu!
(Il se retourne vers Octave.)

OCTAVE

Votre nom me rappelle un noble caractère,
Chaud, dévoué, Raymond de Génevray.

RENÉ

Mon frère.

OCTAVE

Votre frère? ah! parbleu! je vous fais compliment.
Chasseur infatigable et convive charmant,
Fanatique des bois. C'est un ami sincère;
Voilà des nœuds tout faits. Par ma foi, je les serre,
Et j'entre sans façon dans votre intimité.

RENÉ

Je suis flatté, monsieur...

OCTAVE

Moi, je suis enchanté...
(On le sert.)

Vous permettez?
(Il se met à table.)

RENÉ

Sans doute!

OCTAVE, se servant.

Il faut que je vous gronde.

Vous habitez tout près?

RENÉ

Marsac.

OCTAVE

Au bout du monde!
Mais vous n'êtes alors voisin que par faveur.
Vous vivez près des bois et vous êtes rêveur?
Vous ne chassez donc pas?

RENÉ

Non.

OCTAVE

Raymond le supporte?

RENÉ

Oui.

OCTAVE

C'est d'un mauvais frère. A quelle branche morte

Avez-vous donc pendu votre jeunesse? Au cou
D'une femme? Eh bien! soit! Il est bon d'être fou.
C'est ainsi qu'on apprend ce que vaut la sagesse ;
Car il faut s'être un peu grisé de sa maîtresse
Pour comprendre sa femme et l'aimer posément.
Livrez-vous aux plaisirs avec acharnement :
C'est en les effeuillant qu'on se lasse des roses.
Et surtout avalez l'amour à fortes doses,
Comme on prend à la hâte une glace qui fond :
Ne dégustez pas trop. L'amour le plus profond
Devient trop vite amer. Ma morale se donne
Un air évaporé, mais au fond c'est la bonne ;
Croyez-moi ! Nos vingt ans sont toujours dévorés
Par des illusions et des rêves dorés.
Jetez-les hardiment, morbleu! par la fenêtre;
Il faut, pour savourer, en gourmet, le bien-être,
Que trouve dans son calme un mari prévoyant,
Laisser derrière soi tout un passé bruyant.

RENÉ

Je garde mon amour tout entier pour ma femme.

OCTAVE

Lui ferez-vous goûter les fruits verts de votre âme,
Souriant à la lune et l'air extasié?

RENÉ

Mieux vaut un cœur trop neuf qu'un cœur rassasié.

OCTAVE

Rassasié ! non pas, — vous allez à l'extrême, —
Mais mis en appétit.

RENÉ

Quand l'enfant qui vous aime

Apporte sa candeur, donne sa pureté,
Vous lui rendez gaiement un amour frelaté.

OCTAVE

Oh ! par le temps qui court on ne trompe personne,
Ni celle qui se vend, ni celle qui se donne,
Et les Agnès ont fait leur éducation.

RENÉ, avec feu.

Respectez donc au moins cette sainte union
De deux âmes ensemble à jamais enchaînées,
Qui se sont, devant Dieu, l'une à l'autre données.

OCTAVE

Vous êtes amoureux ?

RENÉ

Non.

OCTAVE

Troisième degré.
La période aiguë, état désespéré.
Le médecin n'a plus qu'à flatter le malade,
Et je regrette bien ma trop longue tirade.

RENÉ

Vous vous trompez.

OCTAVE, changeant de ton.

Non pas, vous êtes amoureux.
Croyez, mon cher ami, que j'en suis très-heureux.
Votre main !

RENÉ

De grand cœur.

OCTAVE

Il s'agit de Cécile ?

RENÉ

Non, monsieur.

OCTAVE, étonné.

Comment, non ! vous êtes difficile.
Sa beauté fixerait les plus irrésolus,
Et son cœur...

RENÉ, vivement.

C'est un ange !

OCTAVE

Alors, n'en parlons plus.

RENÉ

Je sais que le bonheur m'attendait auprès d'elle.

OCTAVE

Mais vous ne l'aimez pas, la chose est naturelle.
Son regard est limpide, et sa pensée à nu
Laisse trop voir le fond de ce cœur ingénu.
Vous pensez qu'un amour si simple serait fade.
Il vous faut un roman, — au moins une charade.

RENÉ

J'ai cru l'aimer.

OCTAVE, raillant.

Sitôt ? J'en serais bien fâché :
Il faut toujours finir un caprice ébauché.
Vous reviendrez plus tard, repentant et tranquille,
Épouser sagement notre chère Cécile.

RENÉ, avec exaltation.

Non! mon cœur, aujourd'hui, pour toujours s'est fixé.

OCTAVE, souriant.

Le toujours des amants est si vite passé!

RENÉ

Je ne changerai pas.

OCTAVE

Vraiment? j'attends l'épreuve.

RENÉ

Je sens trop bien ma chaîne!

OCTAVE, riant.

Elle est encor si neuve!

RENÉ, avec feu.

Je n'ai jamais compris ces amours raisonnés
Et par les grands parents en conseil ordonnés,
Ces sages passions qu'on fait mûrir sous cloche,
Pour les servir à point, quand la saison approche.
L'amour éclate en nous, fatal, lorsque paraît
La femme qu'en secret notre cœur espérait.
Son âme, tout à coup, se révèle à notre âme ;
Notre existence alors se remplit et s'enflamme :
Nous aimons.

OCTAVE

Sans trembler? Vous êtes courageux.
Le diable, par état, cherche à brouiller les jeux.
Je crois que dans le vôtre il glisse une coquette.

RENÉ

Elle est timide, elle est simple.

OCTAVE

Une violette.

RENÉ

Et sincère surtout.

OCTAVE

Parbleu ! je voudrais voir
La femme dont les yeux ont un si grand pouvoir.

RENÉ

Vous la verrez.

OCTAVE

Où donc ?

RENÉ

Ici.

OCTAVE

Quand ?

RENÉ

Tout à l'heure.

OCTAVE

Elle est donc au château ? Mais alors je demeure.
Ma filleule me prend pour un ours mal léché,
Qu'une femme charmante aurait effarouché !
Elle ne m'a rien dit. Parbleu ! je me réveille.
Vous m'avez annoncé, mon cher, une merveille ;
Je veux être ébloui. Je rêve une beauté,
Où la candeur se mêle avec la volupté ;
Pas encor le démon, mais plus tout à fait l'ange ;
Ève qui tient la pomme, avant qu'elle la mange.
Vous voyez, je me prends à votre passion,
Et je fais, à vos frais, de l'admiration.

RENÉ

Si vous la connaissiez !

OCTAVE

        Mais je veux la connaître,
Dussé-je voir aussi ma raison disparaître
A son premier regard. Je crains peu ce danger.
J'ai trop grand intérêt à ne pas déranger
La douce quiétude où je sais me complaire.
Le bonheur, à trente ans, ne peut être une affaire
D'imagination ; et je vois, pour ma part,
Dans la femme une épouse et non un objet d'art.
Prenez-la vertueuse, elle sera fidèle.
Sans crainte, vous pourrez vous reposer sur elle
Du soin de votre honneur. C'est le point important.
L'amour vivra, s'il peut, mais à l'état latent.
Votre existence alors, lente, paisible et douce,
Dans son lit bien uni coulera sans secousse.
Vous aurez des penchants, mais plus de passions.
On met une sourdine à ses affections,
Et l'on s'écoute vivre en égoïste habile.

(René est monté sur une chaise et regarde dans le parc. — Octave se
retourne étonné.)

Vous jouez ?

RENÉ, regardant toujours.

Je la vois... elle est avec Cécile.

OCTAVE

Parbleu ! j'en suis bien aise !

(Se levant.)

        Allons, je vais savoir
(Montant sur une chaise.)
Ce que vaut la merveille... et braver son pouvoir.

(A part.)
Ma femme !

RENÉ

Qu'avez-vous?

OCTAVE, troublé.

La... rencontre... imprévue...

RENÉ

Quoi! vous la connaissez?

OCTAVE, de même.

Un peu... très-peu... de vue.

RENÉ

Mais votre enthousiasme est-il égal au mien?
Comment la trouvez-vous?

OCTAVE

Moi?... je la trouve... bien.

RENÉ, avec feu.

Mais regardez-la donc! elle est belle!

OCTAVE

Elle est blonde.

RENÉ, de même.

Vous ne connaissez, vous, que la femme du monde,
Le masque! la statue! un écrin refermé!
Vous n'avez jamais vu son regard enflammé.
Si vous saviez quel charme étrange l'environne,
Et comme sa beauté resplendit et rayonne!

OCTAVE, vivement.

Elle vous aime donc?

RENÉ

Vous êtes indiscret!

OCTAVE, impatienté.

Vous l'avez fait entendre.

RENÉ

Alors, j'en ai regret.

OCTAVE

Non! ne me cachez rien. — Qu'a-t-elle pu vous dire?

RENÉ

Et comment raconter ce que dit un sourire,
Ce que dit un regard?

OCTAVE, rassuré.

Ah! mais qu'espérez-vous?

RENÉ

M'enivrer de sa voix et vivre à ses genoux!

OCTAVE, l'arrêtant.

Pardon!.. et le mari, qu'en prétendez-vous faire?

RENÉ

Le mari?

OCTAVE

Vos projets pourraient bien lui déplaire.
Si, dans votre roman, je pose ce pavé,
C'est de peur qu'il n'y tombe.

RENÉ, riant.

On n'a jamais rêvé
Mari plus complaisant. Ne soyez pas en peine
Sur ce point.

OCTAVE, se contenant.

Ce n'est pas le mari qui vous gêne?

RENÉ, *de même.*

Non, ma foi !

OCTAVE, *de même.*

Vous riez ?

RENÉ, *de même.*

Parbleu ! j'aurais grand tort
De me gêner pour lui.

OCTAVE

Bah !

RENÉ

Le pauvre homme est mort.

OCTAVE, *étonné.*

Mort !

RENÉ

Mort.

OCTAVE

Ah ! vous croyez ?...

RENÉ

Parbleu ! j'en ai la preuve :
Il faut bien qu'il soit mort, puisque sa femme est veuve.
(Riant.)
Il a vécu tout juste une lune de miel ;
Il s'est montré discret, c'est fort spirituel.

OCTAVE

Ah ! cette dame est veuve ?

RENÉ

Oui, veuve.

OCTAVE, avec intention.

                              Elle vous donne
La place du défunt?

RENÉ, se laissant emporter.

              Ah! tout mon sang bouillonne
Quand je songe à cet homme! — Elle aurait pu l'aimer!

OCTAVE, s'oubliant.

Elle l'aimait.

RENÉ

Comment?

OCTAVE

              Je dois le présumer.

RENÉ

Eh bien, non!

OCTAVE, vivement.

Elle a dit?...

RENÉ

              Rien! cela se devine.
En quelques mots, souvent, un portrait se dessine.
Parbleu! ce mari-là vous aurait convenu.
Il chassait, j'en suis sûr; il était revenu
De l'amour. L'âme en paix, il dormait sans scrupules
Et prenait son bonheur, comme on prend des pilules,
En fermant bien les yeux. Je crois le voir d'ici.
C'était un esprit fort, un bourgeois réussi,
Qui comprenait son siècle, et cherchait à le suivre.
Parce qu'il digérait, il se figurait vivre.
Il marchait lourdement dans le sillon tracé,
Traînant avec effort son bien-être forcé.

Il a fait de sa femme un compagnon de chaîne.
Elle était, près de lui, sans amour et sans haine.
Il n'a pas respecté le premier battement
De ce cœur tout surpris de son enivrement,
Ni le trouble inconnu, ni les chastes pensées...
Ah! tenez, il me prend des rages insensées!
Mais vous me raillerez de mes transports jaloux :
Vous ne les sentez pas.

OCTAVE, s'oubliant un peu.

Si... je les connais.

RENÉ, raillant.

Vous,

Jaloux? non, ce serait un peu d'inquiétude
Et vous dérangeriez votre béatitude.
Êtes-vous marié ?

OCTAVE, vivement.

Moi?... non! je suis garçon.

RENÉ

Garçon! tant mieux. Ma foi! j'agirai sans façon ;
Vous pourrez m'être utile.

(Regardant dans le parc.)

Ah! Cécile la quitte.

Elle est seule!

(Il veut sortir.)

OCTAVE, voulant le retenir.

Monsieur !

RENÉ

Il faut que je profite
De cette occasion de la voir un moment,
Et vous allez me rendre un service.

8

OCTAVE

Comment?

RENÉ

En retenant Cécile.

OCTAVE, le prenant par le bras.

Arrêtez !

RENÉ, s'arrêtant.

C'est pour rire ?

OCTAVE

Cette dame...

RENÉ

Quoi ?

OCTAVE, le laissant partir.

Rien !

(René sort en courant.)

SCÈNE HUITIÈME

OCTAVE, seul.

Je ne peux pas lui dire
Que je suis le mari ! — Pourquoi donc proclamer
Ce titre, qu'on m'enlève ? Est-ce pour réclamer
L'absurde droit que j'ai d'être aimé de ma femme ?
  (Avec ironie.)
Le monde nous soutient : c'est l'épouse qu'il blâme,
Mais c'est de nous qu'il rit. (*Pause*) Et comment disputer
Valentine à cet homme ? Ils sont là ! que tenter ?...

On ne peut rien, rien! rien! contre le ridicule.
Le premier fat venu lutterait sans scrupule
Contre ce jeune fou, de vanité pétri ;
Il en triompherait. Mais moi, mais le mari!
Elle ne m'aime pas! que m'importe le reste?
C'était un rendez-vous: je le vois, tout l'atteste ;
Cécile le savait! Ils n'ont rien respecté !
Je comprends son accueil, son plaisir affecté,
Et ses allusions. Mais je veux me contraindre.
Un éclat me perdrait. On m'a vu, qu'ai-je à craindre?
Si ma femme est coupable, elle a, dès ce moment,
Son trouble et son effroi pour premier châtiment.
  (Silence d'un instant.)
Non... je l'accuse à tort; elle est un peu légère,
Voilà tout! voilà tout! Ce jeune homme exagère.
Rien ne me prouve encor qu'il soit à redouter.
  (Avec désespoir.)
Mais non! je ne peux pas m'empêcher de douter.
  (Il s'apprête à sortir.)
Que je souffre !
  (Il s'arrête en voyant Cécile.)
   Cécile! un peu de calme encore!
Je saurai tout par elle.
   (Il s'assied avec empressement.)

SCÈNE NEUVIÈME

OCTAVE, CÉCILE.

CÉCILE, entrant avec un plat de fraises.

Eh bien?

OCTAVE, qui s'est remis à table.
   Vois! je dévore.

CÉCILE

Je vous apporte un plat tout frais cueilli.

(Étonnée.)
Comment !

René vous laisse seul !

OCTAVE

Il m'attend, en fumant,

Dans le parc.

CÉCILE

Dans le parc ?

OCTAVE

A deux pas, près de l'île.

CÉCILE, à part.

Mais sa femme y sera !

OCTAVE, se levant.

J'y vais. Qu'as-tu, Cécile ?

CÉCILE, troublée.

Moi, rien, oh ! rien. Tantôt, vous ne pouviez rester !

OCTAVE

Mais tu m'as retenu. Comment te résister ?

CÉCILE, vivement.

Si cela vous dérange ?

OCTAVE, à part.

A dix-sept ans, complice !

CÉCILE

Vous feriez, mon parrain, un bien grand sacrifice,
En manquant votre chasse ; un loup si grand, si vieux !

OCTAVE

La chasse ! Pour toujours je lui fais mes adieux.

CÉCILE

Vous ?

OCTAVE

    Moi. Je veux porter de janvier en décembre
L'armure des maris, une robe de chambre !

CÉCILE

Oh ! mon Dieu ! qui vous force à prendre ce parti ?

OCTAVE

C'est un goût qui me vient.

CÉCILE

    On vous a converti ?

OCTAVE

Ton voisin.

CÉCILE

    N'est-ce pas qu'il vous plaît tout de suite ?

OCTAVE, s'oubliant.

Il n'est pas le mari, voilà son seul mérite.

CÉCILE, vivement.

Que dites-vous ?

OCTAVE

Rien, rien.

CÉCILE

    Il est bon, généreux...

OCTAVE, avec colère.

Lui !

(Se remettant.)

Regarde-moi bien. Je le crois amoureux.

CÉCILE, rougissant.

Vraiment ?

OCTAVE

Il me l'a dit.

CÉCILE

A vous ?

OCTAVE

Cela t'étonne ?

CÉCILE

Oui, beaucoup.

OCTAVE

C'est qu'alors tu connais la personne
Qui l'a charmé ?

CÉCILE

Moi ? non.

OCTAVE

Ton air embarrassé
Le dit pour toi.

CÉCILE

Mon air...

OCTAVE

C'est bien. Je suis fixé.

CÉCILE

Oh! ne vous fâchez pas. Puisqu'il le dit lui-même,
C'est vrai. Nous nous aimons.

OCTAVE

Hein?

CÉCILE

Je l'avoue.

OCTAVE

Il t'aime?

CÉCILE

Depuis longtemps.

OCTAVE

Tu crois?

CÉCILE

Mais puisqu'il vous l'a dit!

OCTAVE

Il m'a dit... certe...

CÉCILE

Eh bien?

OCTAVE

Oui. (*A part*) Je reste interdit

CÉCILE

Et moi qui me croyais, tout à l'heure, oubliée!

OCTAVE

Elle ne sait donc rien! Mais c'est une alliée.

CÉCILE

Comment s'exprimait-il en vous parlant de moi?

OCTAVE

Si bien qu'il m'a fallu l'arrêter.

CÉCILE

Oh! pourquoi?

OCTAVE

Il te trouve un peu froide.

CÉCILE

Oh! froide! réservée.

OCTAVE

Tu le laisses trop seul depuis son arrivée.
Tu le fuis.

CÉCILE

Quel mensonge! Il paraît enchanté.

OCTAVE

Il ne l'est pas. — Il faut beaucoup d'habileté
Pour retenir un cœur.

CÉCILE

Ne suis-je pas habile?

OCTAVE

L'amour des jeunes gens est parfois bien fragile.
C'est un ballon gonflé, qu'il faut tenir captif.
Le ciel te fit coquette : il avait son motif.

CÉCILE

Il faut être coquette? Et pourquoi donc? Je l'aime.

OCTAVE

Laisse-moi t'embrasser! Oh! l'étrange problème !
La Providence met le bonheur sur nos pas,
Nous le touchons sans cesse et ne le sentons pas.
Est-il digne de toi, l'homme qu'on te destine?
(A lui-même.)
Je le blâme ! Ai-je donc mieux compris Valentine?
(Se dirigeant vers la porte du fond.)
Je devine, à présent, son cœur, et je le perds.

CÉCILE, voulant le retenir et lui servant des fraises.

Vous n'avez pas fini, mon parrain ; je vous sers.

OCTAVE

Je vais voir ce monsieur.

CÉCILE, avec une indifférence jouée.

Oh! mon Dieu! rien ne presse.

OCTAVE, sortant.

Si, je dois lui parler.

CÉCILE, essayant de le retenir.

Mais cela m'intéresse
Plus que vous ! Attendez un peu.

SCÈNE DIXIÈME

CÉCILE, seule, revenant.

Tout est perdu.
Il va la rencontrer ! Valentine aurait dû
Le prévoir ! quel caprice ! Elle n'a pas d'excuse ;
Et mon parrain verra, j'en suis toute confuse,

Que je mens comme un homme.

(Regardant.)

Où va-t-il les chercher ?

Il se trompe !... tant mieux ! Elle peut se cacher.
René s'est moqué d'elle ! Oh ! j'en étais bien sûre,
Valentine a perdu son temps. Quelle blessure
Pour ses prétentions et pour sa vanité !
C'est un petit échec qu'elle a bien mérité.

(Regardant.)

Les voici tous les deux ! et mon parrain s'obstine
A les chercher bien loin. Ils viennent. Valentine
A l'air très-agité ; mais c'est une leçon ;
Je comprends son dépit.

SCÈNE ONZIÈME

CÉCILE, VALENTINE, RENÉ.

VALENTINE, très-préoccupée.

Ce monsieur est garçon ?

Le temps est accablant ! quelle chaleur mortelle !

RENÉ

Vous trouviez aujourd'hui la campagne si belle !

CÉCILE, à Valentine, à part.

Ton mari reste.

VALENTINE, à part.

Eh bien ! tant mieux !

CÉCILE, de même.

Tu vas partir,

Et tout sera sauvé ! Faut-il faire avertir ?

VALENTINE, haut, à René.

Ce monsieur est garçon ?

RENÉ

Oui. Cela vous étonne ?

VALENTINE

Un peu.

RENÉ, à Cécile.

Votre parrain, — ma foi, je vous le donne
Pour un homme charmant.

CÉCILE, bas à Valentine.

Tu veux donc t'exposer
A le voir ?

VALENTINE, à part, impatientée.

Mon Dieu, non !

CÉCILE, de même.

Que va-t-il supposer ?

VALENTINE, de même.

Est-ce qu'il songe à moi ?

RENÉ, continuant.

C'est un célibataire
Acharné.

CÉCILE, riant.

Mon parrain ?
(A Valentine.)
Tu crois ?

RENÉ

Pourquoi le taire ?
Il s'en vante bien, lui !

CÉCILE, riant.

Mon parrain s'est vanté
D'être célibataire ?

RENÉ, riant.

Avec naïveté
Il m'a fait, sans façon, toutes ses confidences.
Je connais ses défauts, ses penchants, ses tendances.
Il est très-amusant, mais il a son travers ;
De la vie, il ne voit qu'un seul côté : l'envers !
Aux ivresses de l'âme, au bonheur il préfère
Le calme indifférent du boa qui digère.

CÉCILE

Voilà ce qu'il disait !... et vous n'avez pas fui !
(A part, à Valentine.)
C'est ta faute.

VALENTINE

Vraiment !

CÉCILE, de même.

Réserve au moins pour lui
Quelques boulets perdus de ta coquetterie.

VALENTINE, haut.

Ce monsieur, disiez-vous ?...

RENÉ

C'est une théorie.
Pour lui, le mariage est une question
De confortable.

CÉCILE

Il perd toute l'affection
De sa filleule !
(A Valentine.)
Eh bien ?

RENÉ

Quant à moi, je proclame
Qu'il doit rester garçon, par égard pour sa femme.
(A Valentine.)
Qu'avez-vous?
(Cécile remonte vers la fenêtre.)

VALENTINE, se remettant.

Je n'ai rien.

RENÉ

Il faut plaindre son sort.

VALENTINE

Et pourquoi donc?

RENÉ

Il n'a peut-être que le tort
De ne pas être aimé.

VALENTINE

Vous croyez?

RENÉ

Oui, sans doute.
Un de ces mots d'amour, où l'âme apparaît toute,
Aurait vite raison de ce cœur révolté.
Il a l'orgueil du pauvre, et cache avec fierté
Le vide de sa vie.

CÉCILE, revenant, à part à Valentine.

Il vient. Veux-tu l'attendre?

VALENTINE, sans l'écouter, à René.

Vous me disiez, je crois...

RENÉ

Non. Vous allez l'entendre.

Pour l'excuser, il faut sa verve et sa gaîté.
On lui pardonne presque. Il vient de ce côté.

CÉCILE

Le voici ! je me sauve. Il entre.

(Elle sort.)

VALENTINE

Que m'importe ?

(Elle sort comme à regret.)

SCÈNE DOUZIÈME

OCTAVE, RENÉ.

OCTAVE, entrant.

Enfin ! je vous découvre !

RENÉ

On fuit par cette porte
Quand vous entrez par là ! (*Riant*) Décidément, je vois
Que vous êtes de trop ! — Mais quels yeux ! quelle voix !
Quelle femme, mon cher ! J'ai fait un pas immense
Tout à l'heure.

OCTAVE

Vraiment !

RENÉ

La passion commence
A torturer son cœur ; et cela saute aux yeux !
Elle avait l'esprit vif, l'air animé, joyeux ;
Tout à coup, je l'ai vue inquiète, contrainte
Et rêveuse. — Est-ce clair ? — Sa parole est empreinte
De dépit. Que j'ai dû lui paraître niais !
Elle n'attend qu'un mot, et je m'ingéniais

A trouver un moyen de dire : « Je vous aime ! »
Je lui parlais de tout, excepté de moi-même...
Du temps... de vous...

OCTAVE

De moi?

RENÉ

N'allez pas m'en vouloir !
Je vous ai dessiné, mon cher, en repoussoir.

OCTAVE

Ah ! monsieur, c'est trop fort ! cette plaisanterie
Me lasse !

RENÉ, riant.

Quoi ! vraiment, cela vous contrarie ?

OCTAVE

Brisons là, s'il vous plaît.

RENÉ

Par ma foi ! c'est plaisant !
Vous aviez l'esprit fort et le cœur complaisant.

OCTAVE

J'ai changé.

RENÉ

Je me perds dans vos métamorphoses.
Avalez, disiez-vous, l'amour à fortes doses...

(Valentine entre sans être vue, et reste au fond du salon.)

SCÈNE TREIZIÈME

OCTAVE, RENÉ, VALENTINE au fond,

OCTAVE

Laissons ce que j'ai dit.

RENÉ

    Ce brusque changement
Doit m'étonner un peu !

OCTAVE

    Causons tranquillement.
Vous avez rencontré, par hasard, une femme.
Sa beauté vous surprend ; votre tête s'enflamme ;
Vous accaparez tout : son trouble, son dépit,
Pour vous faire un triomphe. Eh ! vous a-t-elle dit
Qu'elle accepte, monsieur, tous les cœurs qu'on lui jette

RENÉ, stupéfait et s'échauffant par degrés.

A quel titre, monsieur, voulez-vous que j'admette
Cette étrange leçon ?... Pour me parler ainsi,
Quels sont vos droits ?

OCTAVE

Mes droits ?

RENÉ, en colère.

      Je me récrie, aussi !

OCTAVE

Je suis ..

RENÉ, de même, sans le laisser parler.

Si vous l'aimiez, je comprendrais peut-être...

OCTAVE

Mais je l'aime !

RENÉ, ébahi.

Vous ?

OCTAVE

Moi !

RENÉ

Cet amour vient de naître ?

OCTAVE, s'oubliant.

Non ! il s'est réveillé... je l'aime avec transport.
Je...

(Il voit sa femme et s'arrête confus.)

VALENTINE, avec malice et contenant à peine sa joie.

Je suis indiscrète ?

RENÉ, allant à elle, vivement.

Oh ! non ! non !

VALENTINE

Si, j'ai tort
D'entrer sans prévenir.

RENÉ

Je bénis, au contraire,
Le hasard ; il a fait ce que je n'osais faire.
Car cet aveu, madame, était aussi le mien.

VALENTINE, jouant l'étonnement.

Il s'agissait de moi ?... mais je n'en savais rien.

OCTAVE, à René.

Restons-en là, monsieur.

RENÉ, avec feu.

                 On voulait m'interdire
De vous aimer.

VALENTINE

      Vraiment?

OCTAVE, à René.

                 Faut-il vous le redire,
Monsieur? Cessez...

RENÉ

           Pourquoi? Je suis prêt à céder :
Mais madame entre nous peut seule décider.

OCTAVE

Comment!

RENÉ

        J'accepterai, s'il le faut, ma défaite ;
Et vous...

VALENTINE, l'interrompant.

      Messieurs, messieurs! mais je suis stupéfaite.
Je ne m'attendais guère à ces tendres aveux.
Quoi? vraiment? vous m'aimez tous les deux?
          (Avec malice, en regardant son mari.)
                    Tous les deux?

OCTAVE, furieux.

Je ne vous comprends pas.

RENÉ, avec exaltation.

             Moi, je vous ai comprise.

VALENTINE, raillant.

J'ai peur, en choisissant, de faire une sottise.

OCTAVE, éclatant.

C'est trop fort !

RENÉ, le retenant.

Calmez-vous.

(A Valentine.)
Prononcez notre arrêt.

VALENTINE, regardant Octave.

Puisque monsieur...

RENÉ, stupéfait.

Monsieur !

VALENTINE

A dit qu'il m'adorait !
(Elle lui tend la main.)

RENÉ, de même.

Vous m'écoutiez pourtant ?

VALENTINE, riant.

Pour prouver à Cécile
Que vous avez l'esprit horriblement mobile.

RENÉ, interdit.

Vous vous moquiez de moi !

VALENTINE

Vous le méritez bien.
Quand Cécile vous donne un cœur comme le sien,
Quand elle croit en vous ! J'ai parié contre elle,
Hélas ! et j'ai gagné.

RENÉ, déconcerté,

La leçon est cruelle.

VALENTINE

En profiterez-vous ?

RENÉ
Je repars confondu.

SCÈNE QUATORZIÈME

LES MÊMES, CÉCILE.

CÉCILE, entrant timidement.

Eh bien ?

RENÉ, confus.
C'est elle.

VALENTINE
Eh bien ! Cécile !
(Après un temps.)
J'ai perdu.

CÉCILE, avec joie.

Vraiment ?

OCTAVE
C'est la tromper.

VALENTINE
Puisqu'elle en est heureuse !

CÉCILE, s'approchant de Valentine.
Je te l'avais bien dit.

RENÉ, bas, à Valentine.
Vous êtes généreuse.

CÉCILE, à Valentine.

Et tu m'as fait douter de lui ! Comme c'est mal !
(Haut.)
Grand-papa vous attend au salon. (*A part*) C'est égal,
Je crois qu'il est prudent de devenir coquette.
(Elle prend le bras d'Octave.)

VALENTINE, à René, gaiement.

Il faudra, n'est-ce pas, fixer la girouette ?

RENÉ

Oui. Mais vous qui rêviez un bonheur si parfait,
Vous épouserez donc monsieur ?

VALENTINE

C'est déjà fait.

La toile tombe.

CANNE ET SON CHAPEAU

Comédie en un Acte

Par M. le comte W. SOLLOHUB

PERSONNAGES

MADAME DANISCHEFF, jeune veuve.

LE COLONEL HENRI DE BÉRARD.   35 ans.

LE MARQUIS DE SANTA-FLORA.   70 ans.

LE VICOMTE DE BARBEBICHE.   22 ans.

VICTORINE, servante.

SA
CANNE ET SON CHAPEAU

---

*Le décor représente l'intérieur d'une villa, aux environs
de Monaco.*

SCÈNE PREMIÈRE

VICTORINE, LE MARQUIS.

Victorine arrange la chambre. Le marquis de Santa-Flora paraît,
un gros bouquet à la main.

LE MARQUIS

Ze vous demande pardon si ze vous incommode. (*Faisant un soubresaut de surprise et d'admiration*) Oh ! sangue
della Madonna ! côme é zoulié !... Mon enfant quel àze
avez-vous ?

VICTORINE

Moi ! j'ai l'âge de votre petite-fille !

LE MARQUIS

Ah ! côme est méçante !

VICTORINE

Que yenez-vous faire ici ?

LE MARQUIS

Ce que ze viens... z'ai oublié... Ah ! ze sais maintenant. Dites-moi oune po, c'est bian ici qu'il reste cette dôna magnifica Roussa, ou Polonesa, ou di Herzegovina — ze ne sais pas au zouste — qui se promène touzours toute sola, la disgraziata, touzours sola. Favoritez-moi de loui remettre ma carte, prendez. Voilà ! Marchesse di Santa-Flora dei principi della Caza Bianca. Et dites-loui que, si elle a besoin de la protezione d'oune homme connou, ze pose ma candidature, comme ils disent en France.

Voici vingte francs pour vous. (*Victorine prend le bouquet et l'argent. — Le vicomte entre précipitamment, un bouquet à la main. — Le marquis se retourne vivement du côté de la muraille, et regarde les gravures.*) Oh peccato... oune zeune homme !

SCÈNE DEUXIÈME

LES MÊMES, LE VICOMTE.

LE VICOMTE

(*Parlant très-vite*) C'est bien ici... Mademoiselle, vos parents demeurent à San-Remo ! Vous vous nommez Victorine. Vous êtes depuis huit jours au service d'une dame qui se fait nommer Mme Danischeff, un grand nom russe, qui n'a jamais existé et qu'on vient de découvrir... C'est louche, très-louche, excessivement louche, mais cela m'est bien égal. Elle est charmante, je suis charmant. Nous sommes charmants tous les deux. Nous sommes faits pour nous connaître. Vous allez immédiatement lui porter ce petit boisseau de fleurs, et le serpent qui s'y cache, ma carte de visite. Le vicomte de Barbebiche,

que les envieux appellent petit crevé, mais que les
femmes de goût proclament le garçon le plus chic de ce
vaste univers que l'on nomme Paris. Ah! prenez encore
ce louis, un trainard de la grande bataille, qui a eu lieu
ce matin sur les sommets du Monte-Carlo. Allez, allez,
allez...

VICTORINE

Je ne demanderais pas mieux, moi, que de porter vos
cartes et vos bouquets... Seulement je suis sûre d'être
grondée. Ma maîtresse m'a défendu expressément de
recevoir des étrangers et tout ce qu'ils apportent.

LE VICOMTE

As-tu fini?..

VICTORINE

Bah! 40 francs, pour être grondée... Ça vaut ça... J'y
vais. (*Elle sort.*)

LE MARQUIS

Bravo! Oh! le vicomte!

SCÈNE TROISIÈME

LE MARQUIS, LE VICOMTE.

LE VICOMTE

Monsieur le marquis!.. (*Ils se serrent la main.*) Partout où il y a une jolie femme, on est sûr de vous rencontrer... Décidément vous nous gâtez le métier.

LE MARQUIS

Mon çer ami... ce n'est pas oune métier, c'est oune

habitoude que z'ai depouis 60 anne. Ça ne fait de mal à
personne et ça m'amouze. Pour nous autres Italiens, il
nous faut solement trois çoses... le soleil, la mousique
et les femmes. Voilà!

LE VICOMTE

Eh bien, merci !... on pourrait choisir plus mal.

LE MARQUIS

Vous avez été au tir hier?

LE VICOMTE

Oh! ne m'en parlez pas. Couvert d'opprobre. Sur douze
pigeons, j'en ai touché deux, et encore le second n'était-
il pas bien sûr.

LE MARQUIS

Comment ça?

LE VICOMTE

Grâce à l'ébranlement de ce maudit wagon... parbleu,
ma main tremble...

LE MARQUIS

Et où lozez-vous, çer ami?

LE VICOMTE

Moi ! je ne loge pas... Je n'ai pas le temps de loger... Je
circule...

LE MARQUIS

Sur le chemin de fer?

LE VICOMTE

Sans doute... Mais que voulez-vous ! Juliette du Vau-
deville se repose à Cannes... La jolie comtesse hongroise

habite Antibes... Lady Boswell est à Nice... A Monaco, il
y a Mme Danischeff... A San-Carlo, le jeu... Les char-
mantes demoiselles Ravanoff sont à Menton. Il faut que
j'aille voir pourtant tout ce monde-là chaque jour... Je
suis éreinté. Je tourne à la locomotive. Je crois que bientôt on me chauffera.

LE MARQUIS

C'est vrai! Nice plous non est comme il était autrefois.

LE VICOMTE

Et puis il y a encore les excursions, les promenades...
On m'a mené trois fois à Saint-Raphaël pour y voir de
loin cet original, qui fait plus de bruit avec sa solitude que
ses confrères avec leur sociabilité.

LE MARQUIS

Et qu'est-ce que vous faites au jeu, mon çer ami ?

LE VICOMTE

Ah là... c'est moi qui fais l'office de pigeon. Je suis
dans la seconde série de ce plumitif... Ce qui me console,
par exemple, c'est que le jeu me forme à la politique du
moment...

LE MARQUIS

Et comment cela?

LE VICOMTE

Voyez ce qu'il y a sur le tapis. Les uns voient trop en
noir, les autres trop en rouge... Le plus sage est de deviner
l'intermittence. Mais ce n'est pas dans mon caractère.

LE MARQUIS

Bravo! Ce sont, ze crois, des calembours que vous
dites...

LE VICOMTE

Non, ce sont des idées philosophiques qui me viennent
à l'esprit en chemin de fer, quand il n'y a pas de jolie
femme dans le compartiment... Ah ça ! mais dites donc...
en fait de jolies femmes... hein ? Nous sommes aux premières ici... La connaissez-vous ?

LE MARQUIS

Pas du tout, et vous ?

LE VICOMTE

Pas le moins du monde... Que pensez-vous d'elle ?

LE MARQUIS

Adorable, mon çer...

LE VICOMTE

Mais aventurière, n'est-ce pas ?

LE MARQUIS

Tant mieux !

LE VICOMTE

Ni mari, ni frère, ni père, ni oncle, ni femme de confiance. Rien du strict indispensable.

LE MARQUIS

Ma, elle ne çerce pas à faire des connaissances ?

LE VICOMTE

Mon cher marquis... on ne nous prend pas, nous
autres Parisiens, avec ces trucs-là ! C'est usé jusqu'à la
corde. C'est pour se faire valoir, pour se donner du
piquant. C'est vieux comme Atalante, qui ne savait si bien
courir que pour se faire courir après. Je la crois très-rusée.

LE MARQUIS

(*Après avoir réfléchi*) Pot-être.

LE VICOMTE

(*Apercevant Victorine qui revient avec les bouquets*)
Tiens!... Voilà nos bouquets qui font le voyage d'aller et
retour.

LE MARQUIS

Oh!.. Elle a du çagrin la bellina.

SCÈNE QUATRIÈME

LES MÊMES, VICTORINE.

VICTORINE

(*Un bouquet dans chaque main. Pleurant*) Hi, hi,
hi!.. Ma maîtresse m'a chargée de vous dire, hi, hi... que
si vous ne la laissez pas tranquille, elle se plaindra à la
police du prince de Monaco, hi, hi... Et puis elle m'a,
hi, hi, elle m'a renvoyée, hi, hi... Tenez, reprenez vos
maudits bouquets... et tournez les talons, et plus vite, hi,
hi... que ça... (*Elle remet les bouquets et se trompe dans
le choix.*)

LE MARQUIS

Mais ce n'est pas mon bouquet ça... Fi donc! le mala-
droit. Il offre un bouquet de camélias. C'est oune in-
joure... ça... Elle a raison de se façer. Rendez-moi mes
violettes et mes boutons de roses blancs... Avec les
femmes il faut touzours être délicat. Je reviendrai seul...
Hé, hé, hé, nous vedrons... encore, hé, hé, nous vedrons
encore, nous vedrons hé, hé... Adieu, vicomte. (*Il sort.*

SCÈNE CINQUIÈME

VICTORINE, LE VICOMTE.

LE VICOMTE

Aussi, où diable avais-je l'esprit de lui envoyer mon bouquet avec celui de ce doge antédiluvien ? Il est clair qu'en acceptant l'un, elle devait accepter l'autre... Ah ! vous voulez la grande partie, madame. Eh bien, on vous la donnera. Et je ne me tiens pas pour battu. Ah ! mais non ! seulement, je reviendrai seul, et je ferai le grand premier rôle de la Porte Saint-Martin. Sans rancune, mon enfant, on vous revaudra ça. (*Il sort.*)

SCÈNE SIXIÈME

VICTORINE, seule.

Hi, hi ! Que je suis malheureuse ! Mes parents croient à San-Remo que je vais devenir riche. Et me voilà sur le pavé avec deux louis... Qu'est-ce que je m'en vais faire ?... Rien. Une idée... Je donnerai les deux louis à mon cousin pour qu'il les mette à la roulette sur le 32, le numéro qui gagne toujours. Cela me fera un million !! Non ! cela ne fera pas un million. Un peu moins, je crois. Beaucoup moins. Enfin, c'est égal... J'épouse mon cousin, et nous ouvrons un hôtel à Nice sur le quai des Anglais... et alors les voyageurs n'auront qu'à se bien tenir...

*

SCÈNE SEPTIÈME

VICTORINE, MADAME DANISCHEFF.

MADAME DANISCHEFF

J'ai écrit à Nice pour qu'on m'envoie une femme de

chambre. Dès qu'elle sera arrivée, vous quitterez la
maison.

VICTORINE

Oh! madame, je vous en supplie... pardonnez-moi
pour cette fois encore...

MADAME DANISCHEFF

Et vous allez de nouveau recevoir des billets, des bouquets, des visites? Mais pour qui me prend-on à la fin?
Je ne puis pas rester un moment sans qu'on me fasse les
déclarations les plus sottes, parce que je suis seule, que je
n'ai pas de protecteur.

VICTORINE

Et vous voudriez rester tranquille?

MADAME DANISCHEFF

Je crois bien que je le voudrais.

VICTORINE

Mais, je ne le savais pas! On n'est pas habitué à cela
ici. J'ai un talisman, madame. Si vous l'employez, personne n'osera vous dire une parole qui puisse vous cho-
quer. Si je vous délivre de vos persécuteurs, me pardon-
nerez-vous?

MADAME DANISCHEFF

Moi! Je vous remercierai de tout mon cœur.

VICTORINE

Alors je vais aller chercher la chose. (*Elle sort.*)

SCÈNE HUITIÈME

MADAME DANISCHEFF, seule.

Ma position devient intolérable... Henri a demandé
que nous soyons seuls quand il reviendra d'Égypte.
Brave garçon. Il m'a aimée quand j'étais jeune fille ;
il s'est enfui quand on m'a mariée. Et maintenant, je
suis libre : il revient dans huit jours, et nous nous marierons ; mais attendre encore huit jours, au milieu de
ces persécutions, c'est terrible.

SCÈNE NEUVIÈME

MADAME DANISCHEFF, VICTORINE.

VICTORINE

*(Elle entre, tenant d'une main un chapeau d'homme,
et de l'autre une canne.)* Voilà, madame.

MADAME DANISCHEFF

Qu'est-ce que cela signifie ?

VICTORINE

Ça, madame, c'est le chapeau et la canne du concierge.
Il est très-élégant, quand il va à Nice dans le monde.

MADAME DANISCHEFF

Mais à quoi bon ?...

VICTORINE

Ce sont des porte-respects. Nous allons les mettre en

évidence sur la causeuse... Dès qu'un indiscret se présentera, il verra d'abord le chapeau qui lui sera très-désagréable, et puis la canne qui lui sera plus désagréable encore... et il ne reviendra plus.

MADAME DANISCHEFF

Quelle folie!

VICTORINE

Oh! madame, je vous en conjure, essayez la vertu de mon talisman. Voilà justement le vieux marquis qui rôde tout autour de la maison. Laissez-le entrer. Il se mettra lui-même à la porte, j'en réponds sur ma tête. Laissez-moi faire, vous allez voir. Entrez, monsieur le marquis.

SCÈNE DIXIÈME

LES MÊMES, LE MARQUIS.

LE MARQUIS

Oh! ze savais bien, belleza del anima mia, que vous ne vouliez pas me recevoir à cause du petit Français. Moi ze souis oun protecteur sério, connou... Voilà des fleurs, ma diva, qui ne sont pas aussi belles que vous.

MADAME DANISCHEFF, riant.

Victorine, mettez ce bouquet dans ce vase... Asseyez-vous donc, monsieur le marquis, là, sur cette causeuse... Vous y serez très-bien.

LE MARQUIS

(*Apercevant la canne et le chapeau*) Oh diavolo! Qu'est-ce que c'est que ça?

VICTORINE

Ne faites pas attention, c'est la canne et le chapeau de Monsieur.

LE MARQUIS

Comment il y a un monsieur? (*A part*) Ze ne savais pas. A mon âze, dans ma position, ze ne peux pas me compromettre. (*Haut*) Oh! ze vous demande mille pardons, madame. Ze voulais seulement savoir si il y a oun appartement à louer, dans cette villa, pour mon ami le ministre dou Portougal.

MADAME DANISCHEFF

Non, monsieur, il n'y en a pas...

LE MARQUIS

C'est à côté alors, j'y cours. Le ministre arrive demain. Z'espère vous revoir...

MADAME DANISCHEFF, froidement.

Comme il vous plaira.

LE MARQUIS

(*Il fait de grands saluts, et se retire précipitamment. En sortant, il heurte le vicomte*) Mon çer, elle est çarmante.

SCÈNE ONZIÈME

LE VICOMTE, MADAME DANISCHEFF, VICTORINE.

(Victorine va et vient.)

LE VICOMTE, avec passion.

Madame, chassez-moi par la porte, je reviendrai par

la fenêtre. Jetez-moi par la fenêtre, je reviendrai par
la cheminée. Ayez pitié de mon martyre. Je ne dors
plus, je ne mange plus, je ne vis plus. Vous avez
envahi mon âme d'une passion fatale, qui absorbe
tout mon être, et ne finira qu'avec ma vie ! Voilà des
fleurs.

MADAME DANISCHEFF

Victorine, mettez ce bouquet à côté de l'autre. Asseyez-
vous, monsieur...

LE VICOMTE

M'asseoir ! jamais ! C'est à vos adorables pieds que je
veux faire le serment de ne vivre que pour vous. (*Il
met un genou en terre*) Ah ! madame, si vous pouviez
comprendre...

VICTORINE

(*Le prenant par les épaules*) Mais asseyez-vous donc,
puisque madame le désire...

LE VICOMTE

Vous l'ordonnez, soit... (*Il se retourne sur son genou,
aperçoit le chapeau et la canne sur la causeuse, et saute brusquement sur ses pieds*) Ah ! saperlotte... (*A part*) Il y a
garnison dans la place... Bigre de bigre, c'est que ce n'est
plus ça du tout. Je puis avoir une histoire du dernier ridicule... Tout le littoral se moquera de moi, c'est évident.
(*Haut*) Pardon ! à qui appartiennent ces petits ustensiles ?

VICTORINE

C'est la canne et le chapeau de Monsieur...

LE VICOMTE

Ah ! c'est la canne de... Je voulais justement vous
demander, madame, la faveur de me présenter à Mon-

sieur… (*Regardant sa montre*) Mais qu'est-ce que je fais ? Le train va partir. C'est l'heure où je me rends à Menton… Quand on mène une vie aussi remplie que la mienne, il faut être à la minute. Vous comprenez sans doute…

MADAME DANISCHEFF, riant.

N'allez pas vous mettre en retard, je vous prie.

LE VICOMTE, à part.

Elle se moque de moi, c'est bien fait. (*Haut*) Vous faites de grandes promenades, madame ?

MADAME DANISCHEFF

Oui, monsieur.

LE VICOMTE

Et toujours seule ?

MADAME DANISCHEFF

Toujours seule.

LE VICOMTE

Et vous ne vous ennuyez pas ?

MADAME DANISCHEFF

Je ne m'ennuie jamais, moi… Ce sont les autres qui m'ennuient.

LE VICOMTE, à part.

Elle est très-forte. J'aurais bien envie de jeter au diable la canne et le chapeau, et de me mettre à leur place… Nous verrons cela… (*Haut*) Puis-je espérer respectueusement, madame, que j'aurai encore le bonheur de vous revoir ?

MADAME DANISCHEFF

Pas de sitôt, monsieur. J'ai autre chose à faire.

LE VICOMTE

J'attendrai.. (*A part*) Elle est charmante. (*Haut*) Madame... (*Il salue profondément et se retire.*)

SCÈNE DOUZIÈME

MADAME DANISCHEFF, VICTORINE.

VICTORINE

Eh bien! madame, vous voyez?

MADAME DANISCHEFF

Mon Dieu, que les hommes sont ignobles, inconstants et stupides... Pas tous heureusement. — Merci, je vous garde. Si on m'apporte une lettre, je serai sur la terrasse. (*Elle sort.*)

SCÈNE TREIZIÈME

VICTORINE, puis HENRI.

VICTORINE, seule.

C'est mon cousin qui m'a enseigné ce tour-là. Il réussit toujours. (*Henri paraît dans le fond*) Tiens! Un troisième!...

HENRI, entrant.

Madame est chez elle?

VICTORINE

Madame ne reçoit personne.

HENRI

Portez-lui cette carte. Elle m'attend...

VICTORINE

C'est différent. Alors, j'y vais ! (*Elle sort.*)

HENRI, seul.

Enfin !... Trois ans d'attente, de patience, d'angoisse, de martyre ne sont plus qu'un cauchemar évanoui. Je vais donc aussi savoir ce que c'est que le bonheur... Quelle sensation étrange ! Les pieds sont sur le sol, mais l'âme est dans un ciel radieux, où l'espace n'existe plus, où le temps est immobile, où il n'y a plus rien que l'amour, l'amour source et but de toutes choses... Mon Dieu, que la vie est belle ! Que j'ai bien fait de ne pas salir mon cœur aux souillures de la vie facile ! — « Tout sera préparé, m'a-t-elle écrit il y a trois mois... les papiers, les autorisations, les bans... Trois jours après votre arrivée à Monaco, nous irons à l'église et je serai votre femme. » Elle ! ma femme. L'amour unique, l'amour sans espoir de toute ma vie... Quel est donc l'imbécile qui a dit que la félicité suprême n'existait pas sur la terre ? C'est ici qu'elle est venue m'attendre... ici, tout me parle déjà d'elle.

SCÈNE QUATORZIÈME

HENRI, VICTORINE.

VICTORINE

(*Accourant*) Madame va venir de suite. Elle arrange un peu sa coiffure.

HENRI

Comment elle pense à cela dans un pareil moment ! (*Il aperçoit la canne et le chapeau.*) Ah ! mon Dieu ! C'est impossible, je vois trouble... (*Il se précipite sur Victorine et la conduit devant la causeuse.*) Qu'est-ce que cela signifie ?

VICTORINE

Quoi ?

HENRI

Cela !...

VICTORINE

Cela ? Mais c'est sa canne et son chapeau.

HENRI

A qui ?...

VICTORINE

Comment à qui ? A Monsieur !

HENRI

A quel monsieur ?

VICTORINE

Vous ne savez donc pas que, partout où il y a une jolie femme, il y a toujours un monsieur, toujours... oh ! mais... toujours.

HENRI, à part.

Trahi ! Moi ! Pourquoi pas ! On peut me trahir ! Mais elle, s'abaisser à ce point. Je la croyais un ange... Elle n'est qu'une femme après tout..., une femme comme les autres... Faiblesse !... et inconséquence. Je n'y survivrai pas. Ce que la vie a de bon au moins, c'est qu'on peut s'en débarrasser... (*Haut.*) Dites donc, mademoiselle, la mer est près d'ici ?

VICTORINE

Tout près, monsieur, vous prenez à droite. (*Elle sort.*)

SCÈNE QUINZIÈME

HENRI, seul.

Elle est mariée, ou bien elle va se marier... Qu'importe ? Une autre supposition serait impossible... Fi donc ! son orgueil d'ailleurs la sauverait à défaut de raison... Mais c'est que, moi aussi, j'ai de l'orgueil... Orgueil et dévouement, c'était toute ma vie... Si je me tue, je lui laisserai un remords éternel... Non ! je l'ai trop aimée pour la punir du souvenir de mon amour... Je ferai mieux encore, je lui épargnerai la honte de m'avouer sa trahison... Ah ! pauvre cœur, tu n'as pas tremblé quand le vaisseau qui me portait s'engouffrait dans la tempête. Tu n'as pas tremblé quand, sur le champ de bataille, je me frayais un chemin sous la pluie des balles ennemies... Et tu trembles maintenant, parce que je dois jouer une ridicule scène de comédie avec une coquette, qui s'est moquée de moi. Fais ton devoir, morbleu ! Je ferai le mien.

SCÈNE SEIZIÈME

HENRI, MADAME DANISCHEFF.

MADAME DANISCHEFF

(*Entrant*) Comment ! c'est vous ! c'est bien vous ?

HENRI

(*Poussant un cri*) Soph... (*Se reprenant*) Mais oui, chère madame, c'est bien moi, qui viens vous dire un petit bonjour en passant.

MADAME DANISCHEFF, stupéfaite.

En passant?

HENRI

Vous savez qu'en principe j'ai toutes les mauvaises habitudes. Seulement, je n'ai jamais eu le temps de les exercer. Maintenant je me rattrape. Je suis joueur dans l'âme. Je veux faire sauter la banque à Monte-Carlo. On prétend que c'est impossible, mais, comme l'impossible m'a toujours tenté, je veux tenter l'impossible.

MADAME DANISCHEFF

Pourquoi êtes-vous gai? Avez-vous du chagrin? Êtes-vous embarrassé?

HENRI

Oh! quand on a couru le monde comme moi, on n'est plus embarrassé, ni étonné de rien, de rien, mon Dieu... de rien. Ah bah! Vous avez beaucoup de monde à Monaco?

MADAME DANISCHEFF

Vous étiez sérieux autrefois.

HENRI

Moi, pas du tout. J'étais très-frivole, très-gai... en dedans. Maintenant, je vis en dehors... Les voyages, cela forme, vous voyez... Cela déforme même quelquefois. (*A part*) Mon Dieu! elle est plus belle encore que jadis.

MADAME DANISCHEFF

Mais asseyez-vous donc! Vous devez être fatigué.

HENRI

Merci... C'est vrai! Je suis mort de fatigue, de lassitude. Je crois que je ne me reposerai jamais.

MADAME DANISCHEFF

Vous êtes arrivé ce matin?

HENRI

Ce matin... moi! non, c'est-à-dire oui... Je suis arrivé il y a deux jours, je crois. (*Riant*) A propos, je ne vous ai pas dit? Vous ne connaissez pas la plaisante aventure qui m'est arrivée... Figurez-vous que je me suis marié,...

MADAME DANISCHEFF

(*Sautant de son fauteuil*) Marié!... Vous êtes marié?

HENRI

Ma foi, je crois que oui. Mais aussi, pourquoi diable les Anglais ont-ils la manie des voyages?... Et si ce n'était encore que les Anglais, ce ne serait rien... mais c'est qu'il y a les Anglaises.

MADAME DANISCHEFF

Vous avez épousé une Anglaise?

HENRI

Que voulez-vous? Il n'y a pas un Français au monde qui n'a eu un moment dans sa vie la tentation d'épouser une Anglaise. Moi, j'ai succombé... comme tant d'autres, qui ne s'en plaignent pas.

MADAME DANISCHEFF

Et comment se nomme-t-elle?

HENRI

Qui cela?

MADAME DANISCHEFF

Mais votre femme ?

HENRI

Comment elle se nomme ? Ma femme ! Elle se nomme Sarah.

MADAME DANISCHEFF

C'est un joli nom.

HENRI

N'est-ce pas ?

MADAME DANISCHEFF

Et parle-t-elle bien français ?

HENRI

Pas mal, je vous remercie... Elle a beaucoup d'accent, par exemple. Mais j'ai promis à Fanny qu'elle s'en déshabituerait.

MADAME DANISCHEFF

Vous m'aviez dit qu'elle se nommait Sarah...

HENRI

Oui, certainement ! C'est son nom officiel dans le monde. Mais à la maison nous l'appelons Fanny. C'est plus intime. D'ailleurs, comme toutes les Anglaises, elle a beaucoup de noms... Elle se nomme même Constantinople, parce que ses parents ont résidé longtemps dans cette ville.

MADAME DANISCHEFF

Et c'est là que vous avez fait connaissance avec elle ?

HENRI

Non, c'était au Caire.

MADAME DANISCHEFF

Tout dernièrement?

HENRI

Oui... tout dernièrement.

MADAME DANISCHEFF

Et par quel hasard?

HENRI

Vous tenez à le savoir?

MADAME DANISCHEFF

Beaucoup...

HENRI

C'est une histoire qui arrive tous les jours... J'étais allé voir les premières pyramides, sur lesquelles est fichée une grosse tête avec le nez cassé.

MADAME DANISCHEFF

Je sais cela.

HENRI

Après les premières pyramides, il y a les secondes pyramides; après les secondes pyramides, il y a les troisièmes pyramides... Or, comme en toutes choses, il n'y a que la première pyramide qui coûte, voilà! J'avais pour compagnon de route un monsieur, qu'on voit partout. Habit gris, chapeau gris, cheveux gris, le tout surmonté d'un voile vert. Il avait toute sa barbe et pas de moustaches... J'ai cru d'abord que c'était un Américain... Mais non, c'était un Anglais.

MADAME DANISCHEFF

Ah ! ah... c'était le père ?

HENRI

Je vous demande pardon, madame... Le père et la mère sont fatigués des voyages. Ils reprennent des forces quelque part dans le Yorkshire. C'était l'oncle...

MADAME DANISCHEFF

Ah !

HENRI

Un brave homme au bout du compte... Seulement, il avait dans toutes ses poches des Bradshaws et des itinéraires, sur lesquels il vérifiait avec un crayon, comme un commissaire priseur, si toutes les choses indiquées dans les livres étaient réellement à leur place.

MADAME DANISCHEFF

Il n'était pas gênant ?

HENRI

Pas du tout.

MADAME DANISCHEFF

Et la nièce était jolie ?

HENRI

Très-jolie, madame... Des yeux comme des turquoises transparentes, un teint de fraises à la crème ?

MADAME DANISCHEFF

Et blonde naturellement ?

HENRI

Oh! ceci est indiqué. Figurez-vous que, là encore, j'ai découvert en moi une vocation, une croyance que je ne me connaissais pas. Je suis né pour blondes, pour blondes pâles même. Marguerite, Ophélie, le nuageux, l'ossianique. C'est en Égypte que j'ai découvert cela... La brune est une invasion. La blonde est une caresse. La brune vous intime un ordre. La blonde implore votre appui comme une grâce... Sarah, Fanny veux-je dire, avait une peur atroce des crocodiles, et me suppliait de lui en montrer... Or vous comprenez, madame... que de pyramides en pyramides, quand une jeune fille blonde, qui se nomme Constantinople, vous demande des crocodiles, dans ces déserts où il y a des chameaux, des ibis, des derviches, des almées, la tête n'y est plus. On ne sait plus ce que l'on dit... Ah !... j'étouffe ! (*Il se lève*) Adieu, madame ! (*Silence.*)

MADAME DANISCHEFF

Vous retournez à Nice ?

HENRI

Oui.

MADAME DANISCHEFF

Auprès de votre femme ?

HENRI

Oui.

MADAME DANISCHEFF

Resterez-vous longtemps dans ce pays ?

HENRI

Je ne crois pas... Ma femme dit que Nice est trop ville,

que les environs ne le sont pas assez. Je crois que nous
partons ce soir.

MADAME DANISCHEFF

Pour où?

HENRI

Je ne sais pas au juste. Pour le Nord ou pour le Sud...
Pour quelque part enfin. Je n'ai plus de volonté...

MADAME DANISCHEFF

C'est tout naturel... Eh bien, bon voyage .. soyez
heureux.

HENRI, avec passion.

Oh! laissez-moi vous regarder encore une fois!

MADAME DANISCHEFF, avec colère.

Sortez, Monsieur, je ne vous connais plus.

HENRI

Et vous, madame, ne me regrettez jamais. C'est tout
ce que je vous souhaite.

(Il sort précipitamment.)

SCÈNE DIX-SEPTIÈME

MADAME DANISCHEFF, puis VICTORINE.

MADAME DANISCHEFF

(Tombant dans un fauteuil et fondant en larmes.)

Ah! mon Dieu, mon Dieu! Tout est fini pour moi. Je
suis morte! Mais que dira-t-on? Que pensera-t-il... Que

j'ai été tuée par sa trahison... Non ! il ne doit pas savoir
ce que je souffre... La mort, oui ! l'humiliation, jamais !
(*Elle sonne.*) Victorine, préparez-moi mes faux cheveux,
mes diamants, ma casaque à galons. J'en mettrai comme
un sergent-major... Les ennuyeux sont-ils encore là ?

VICTORINE

Ils se promènent dans l'allée en face.

MADAME DANISCHEFF

Eh bien, priez-les d'entrer. Dites que j'ai à leur
demander un service. Et puis, emportez cette ridicule
panoplie de Monsieur le concierge.

VICTORINE

C'est sérieux, madame ?

MADAME DANISCHEFF

Faites ce que je dis (*Victorine sort en emportant le
chapeau et la canne*). Eh bien quoi, après tout, je ferai
comme tant d'autres, je saurai ce qu'il y a d'amertume
et de désespoir dans le cœur d'une femme qui s'amuse.

SCÈNE DIX-HUITIÈME

MADAME DANISCHEFF, LE MARQUIS, LE VICOMTE.

MADAME DANISCHEFF

Entrez, messieurs, je vous prie... Asseyez-vous pour
de bon cette fois... Vous me trouverez un peu capri-
cieuse... Que voulez-vous... j'use de mon droit.

LE VICOMTE, à part.

La canne n'y est plus !

LE MARQUIS, à part.

Qu'est-ce que cela veut dire ? Il n'y a plus de chapeau !
(*Ils s'asseyent.*)

MADAME DANISCHEFF

Je ne veux pas vous abuser davantage. Je suis seule à
Monaco... complétement seule, et vous comprenez qu'à
mon âge on veut se distraire un peu. Monsieur le marquis voudra bien me donner le bras pour aller au jeu...
et monsieur le vicomte, qui, dit-on, est beau joueur...
voudra bien me montrer comment on fait.

LE VICOMTE

Bien volontiers, madame ; vous voulez gagner ?

MADAME DANISCHEFF

Gagner !... Pourquoi ? cela m'est égal.

LE VICOMTE

Ah ! c'est que, pour gagner, il faut avoir de l'estomac.
Avez-vous de l'estomac, madame ? c'est-à-dire du sang-
froid, de l'énergie, du courage ?...

MADAME DANISCHEFF

Ah ! oui ! j'ai du courage : Dieu le voit.

SCÈNE DIX-NEUVIÈME

LES MÊMES, HENRI.

HENRI

(*Entrant*) Pardon, madame, j'ai oublié de vous dire que
j'ai vu votre frère à Florence, et qu'il m'a chargé de vous
remettre ce petit paquet.

MADAME DANISCHEFF, sans le regarder.

C'est bien... mettez cela sur cette table... je vous remercie... Nous disons donc, messieurs, que ce matin nous allons au jeu... Le temps seulement de faire un bout de toilette... Je suis fagotée à faire peur... Oh! d'abord moi, je suis folle du jeu. Cela doit donner des émotions.

LE MARQUIS, embarrassé.

Malheureusement, ze ne pouis pas vous accompagner auzourd'hui. Ze dois aller faire la réception à mon ami le ministre dou Portougal qu'il arrive de Marseille.

MADAME DANISCHEFF

Eh bien, j'irai seule avec le vicomte... Au fait, pourquoi pas? Ah! à propos! on dit qu'il y aura une magnifique soirée au cercle de la Méditerranée. On doit y entendre une cantatrice célèbre... Ce sera superbe... Vous voudrez bien me procurer des billets, n'est-ce pas? (*Le Marquis et le Vicomte se regardent avec embarras.*)

LE MARQUIS

Ah! ma tous les billets ils sont pris.

MADAME DANISCHEFF

En intriguant un peu... on trouve toujours.

LE VICOMTE

Complétement impossible. L'admission est très-sévère. On ne reçoit que des personnes connues, une société très-choisie.

HENRI

(*Qui s'était tenu debout dans le fond.*) Insolent!

LE VICOMTE, à part.

Tiens, l'homme au chapeau ! (*Haut*) Vous avez dit, monsieur ?..

HENRI

Voici ma carte.

LE VICOMTE

(*Lisant la carte*) Henri de Bérard. Comment ! c'est vous qui êtes le colonel Bérard, le fameux chasseur d'Afrique et des Indes ?

HENRI

A vos ordres.

LE VICOMTE, à part.

Diable ! (*Haut*) C'est bien, monsieur (*il remet sa carte*), voilà mon nom... Nous reparlerons de cela plus tard, n'est-ce pas ?

HENRI

J'allais vous le demander.

LE VICOMTE

Eh bien, madame, si vous voulez aller au Casino maintenant, je suis à vos ordres. Faut-il faire avancer un panier ?

MADAME DANISCHEFF

Je voudrais savoir d'abord de quel droit monsieur se permet de prendre ma défense. Est-il autre chose pour moi qu'un passant, un étranger, un homme que je ne connais pas ?

HENRI

C'est vrai, madame ; ces droits que j'avais rêvés, il vous plut de me les refuser, et de les accorder à un autre plus heureux et sans doute plus digne que moi. Mais quant au droit de vous défendre, c'est autre chose. Ce droit-là, je le garde comme mon seul et dernier trésor, et, jour de Dieu, ce n'est qu'avec ma vie qu'on pourra me le prendre.

MADAME DANISCHEFF

Et que dira votre femme?

HENRI

Je n'ai pas de femme, vous le savez bien.

MADAME DANISCHEFF

Henri, vous m'avez trompée.

HENRI

Il le fallait bien, pour vous épargner l'aveu de votre mariage.

MADAME DANISCHEFF

Mon mariage? avec qui?

HENRI

Est-ce que je le sais, moi! Avec ce monsieur qui laisse traîner ses effets sur vos meubles.

LE MARQUIS

Oh, ze voudrais bien savoir qui est le monsieur, qui avait là son çapeau et sa canne.

LE VICOMTE

C'est vrai, au fait, qui est donc ce monsieur, qui avait là son chapeau et sa canne?

MADAME DANISCHEFF

Comment, Henri... et vous aussi. Vous n'avez rien compris. Vous ne comprenez rien... Alors tout s'explique. (*Elle sonne. Victorine entre*) Victorine ! Où sont le chapeau et la canne qui étaient là tout à l'heure ?

VICTORINE

Madame, le concierge a son chapeau sur la tête et sa canne à la main. Il est parti pour Nice.

HENRI

Mais alors ?

MADAME DANISCHEFF

Il faut d'abord, messieurs, que vous sachiez que je ne me nomme pas madame Danischeff. J'ai un autre nom... J'ai même un nom tellement illustre... que monsieur le marquis de Santa-Flora ne se compromettrait nulle part en me donnant le bras.... si je le lui donne...

LE MARQUIS

Oh ! madame !..

MADAME DANISCHEFF

Et que monsieur le vicomte de Barbebiche mourrait de honte en apprenant qui il a pu prendre un instant pour une dame du demi-monde...

LE VICOMTE

Oh ! madame !...

MADAME DANISCHEFF

Du reste, c'est ma faute, j'en conviens. Que voulez-vous ? quand une femme est au désespoir et qu'elle ne veut pas l'avouer !... Je vous conterai mon roman avec

Henri un autre jour. Mais ne m'avez-vous pas demandé, mon ami, qu'une fois l'année de mon veuvage terminée, je vous reverrais, non pas au milieu de mes parents et de ma maison, mais seule, incognito, au bord de la mer, dans un pays splendide, pour que personne et rien ne puisse nous déranger, ni nous froisser dans le triomphe solennel de notre amour? Ce qui est arrivé, nous n'avions pu le prévoir ni l'un ni l'autre... Victorine a imaginé des instruments de sauvetage, qui ont si bien fonctionné, que nous avons manqué sombrer au port de nos rêves.

LE VICOMTE

(*A Henri*) J'attends vos ordres, colonel?

HENRI

Je regrette ma vivacité, monsieur, cela vous suffit-il?

LE VICOMTE

Parfaitement.

LE MARQUIS, d'un ton suppliant.

Vous voudrez bien, monsieur l'illoustre colonel, me permettre de faire ma cour de temps en temps à madame? Que voulez-vous, quand ze vois une femme aussi çarmante, c'est oune habitoude ; ze ne peux pas faire autrement.

HENRI

Mais certainement, monsieur le marquis... Je vous y encourage... si toutefois ma femme le permet?

MADAME DANISCHEFF

Henri! J'aurais dû me fâcher de ce que vous ayez pu

douter de moi. Mais je suis si heureuse que je n'ai plus
d'amour-propre.

VICTORINE

(*Au Vicomte*) Monsieur le vicomte, qu'est-ce que l'on
peut gagner, en mettant deux louis sur le 32 ?

LE VICOMTE

Ma chère enfant, on peut gagner le chemin de fer, pour
retourner bien vite à Paris.

La toile tombe.

VENT D'OUEST

Comédie en un Acte

Par M. ERNEST D'HERVILLY

PERSONNAGES

MISTER BOB CHESTER.
MISS GEORGINA GIBSON.
POLLY.

VENT D'OUEST

Un petit parloir anglais, au rez-de-chaussée. — Porte au fond. Porte à droite, donnant sur un jardin.

SCÈNE PREMIÈRE

(Entrée, par la porte du fond, de mister Bob Chester, suivi de Polly. Bob tient sous le bras un parapluie, la pointe en avant.)

BOB

Écoutez, ma petite Polly ! Comme on entend aujourd'hui la rumeur de Londres ! Nous sommes pourtant ici à plus de cinq milles de la capitale.

POLLY

En vérité ! Oh ! alors, mister Bob, si on entend aussi bien que cela le murmure de la grand'ville, c'est que le vent a tourné à l'ouest depuis ce matin. Signe de pluie mister Bob, signe de pluie.

BOB

Signe de pluie. Ah ! j'ai donc eu raison, une fois de plus, d'emporter mon parapluie ! Mais pourvu que votre maîtresse, cette chère miss Gibson, soit rentrée avant l'averse !

POLLY

Mais je répète à Votre Honneur, mister Bob, que miss Georgina sera ici dans un instant.

BOB

Alors, je l'attendrai. Je vais faire un tour au jardin...

POLLY

Miss Georgina est allée porter aux babies de la maison d'École la moitié du gros morceau de Plum-Cake que lui a envoyé son amie, miss Trevenor, qui s'est mariée dernièrement.

BOB

Ah ! oui, je sais, le morceau du fameux gâteau de noces, qui porte bonheur aux jeunes filles...

POLLY

Certainement, mister Bob ! Miss Georgina a eu la bonté de m'en donner une petite tranche. Je l'ai enveloppée dans du papier de soie, nouée d'une faveur rose, et puis je l'ai mise sous mon oreiller...

BOB

Oui, je comprends, Polly, cela fait voir aux jeunes filles leur futur mari, selon la croyance populaire.

POLLY, baissant les yeux.

Oui, mister Bob !

BOB

Eh bien, Polly, ma chère, en rêvez-vous parfois de votre futur mari, de votre William Blackbeer, je crois ? et, si je ne me trompe, l'un des plus superbes gardes à cheval de Sa Gracieuse Majesté... (*Il ôte son chapeau gravement*) God save the Queen !

POLLY

Oh ! mister Bob ! Oui, j'en rêve souvent, mister Bob ; mais il est si grand, si grand, William Blackbeer, qu'il ne tient pas tout entier dans mes songes...

BOB

En vérité ?

POLLY

Je n'en vois jamais que la tête.

BOB

C'est déjà bien joli. Une tête martiale, avec des cheveux pommadés, fendus en deux par une raie qui commence au front et daigne à peine s'arrêter à la nuque... un peu rouges peut-être, les cheveux de votre horse guard.

POLLY

Oh ! mister Bob ! Peut-on dire cela ! J'en demande bien pardon à Votre Honneur. Il est blond, tout à fait blond, William Blackbeer...

BOB

Blond comme un renard, oui !

POLLY

Oh ! mister Bob !

BOB

Et il vous aime beaucoup, Polly, ce géant blond ?

POLLY

Oui, mister Bob, je suis si petite ! A la dernière Saint-

Valentin, le grand jour de correspondance entre tous les amoureux de la Grande-Bretagne, vous savez, il me l'a écrit sur du papier à dentelles, en lettres hautes comme son sabre.

BOB

C'était lisible, au moins. Allons, allons, Polly, je vous promets que vous l'épouserez votre William Blackbeer. Dès qu'il aura quitté l'armée, je le prendrai à mon service, et quand je me marierai... je vous prierai de venir tenir ma maison, avec lui...

POLLY

Oh! mister Bob! ce sera avec plaisir, mais il faudra que votre appartement ne soit pas trop bas de plafond, vous savez, car il est si grand, si grand, Blackbeer!

BOB

All right! je donnerai sa mesure à l'architecte.

POLLY

Oh ! mister Bob, si Votre Honneur voulait...

BOB

Et quoi donc, ma chère ?

POLLY

Si Votre Honneur le voulait bien... j'épouserais bientôt William.

BOB

Comment cela ?

POLLY

Votre Honneur n'a qu'à se marier avec miss Georgina et de la sorte j'entrerais tout de suite à son service...

BOB

Cela vous est facile à dire, Polly, ma chère, et je ne demanderais pas mieux que de vous avoir chez moi, par ce moyen-là. Mais miss Gibson n'est pas aussi décidée que vous... à se marier, pour nous faire plaisir.

POLLY

Oh! mister Bob! mister Bob!... Les oreilles des femmes de chambre entendent souvent des soupirs qui sont perdus pour leurs destinataires...

BOB

Polly, que dites-vous là, ma chère!

POLLY

, Oui, Votre Honneur en vérité est trop timide. Oh! mister Bob, il y a longtemps que vous auriez dû demander la main de ma maîtresse.

BOB

Oh ! Polly! Mais, ma chère, miss Gibson ne peut pas me souffrir... je ne lui plais pas, du moins. Mes habitudes de vieux garçon excitent sans cesse sa gaieté, et jusqu'à cet innocent parapluie...

POLLY

Oui, oh! mister Bob, vous dites bien. Le parapluie de Votre Honneur fait rire miss Georgina. Elle vous taquine perpétuellement à son sujet. Mais elle a de l'affection pour vous. Je le sais, moi; Votre Honneur n'est-il pas le plus ancien et le plus fidèle des amis de ma maîtresse, de l'orpheline miss Georgina?

BOB

Ah! cela est bien vrai, Polly! Je lui suis tendrement dévoué. J'ai veillé de mon mieux sur elle depuis qu'elle est restée seule, dans sa chère maison. Mais, voilà, je ne suis pas celui qu'elle préfère...

POLLY

Oh! ne dites pas cela, mister Bob!

BOB

Non! — Ah! si vous aviez vu hier, chez missis Chops, comme elle m'a traité froidement, méchamment, oui méchamment, Polly, vous ne diriez pas cela. Est-ce que c'est moi qu'elle a choisi pour la ramener ici hier soir? Non! Qui est-ce qui vous a escortées ici, toutes les deux? C'est ce grand dadais de mister Fox. Elle a pris son bras. Elle a accepté l'abri de son parapluie. Ah! Polly, je suis bien malheureux! Je n'en ai pas dormi de la nuit.

POLLY

Allons, allons, mister Bob, au lieu de vous désoler, vous devriez prendre votre courage à deux mains, et essayer de supplanter ce mister Fox. Je ne l'aime pas, moi, mister Fox. Je n'entrerai jamais au service de mister Fox! William Blackbeer, non plus, n'aime pas mister Fox. Il me l'a dit souvent : hurrah pour mister Bob! grogne-ment pour mister Fox!

BOB

Ce brave William! Je ferai construire pour lui une chambre de deux étages, oui de deux étages de hauteur, sans plafond!

POLLY

Oh! merci, mister Bob! Mais, je demande bien pardon à Votre Honneur, je vais voir à mes petites affaires...

BOB

Oui, ma chère, allez. Moi je vais faire une visite d'ami

aux fleurs de miss Gibson, et leur demander conseil. Vous viendrez me prévenir de son retour. Au revoir, Polly, ma chère.

(Il sort à droite par la porte qui donne sur le jardin.)

SCÈNE DEUXIÈME

POLLY, seule.

Pauvre mister Bob! Ce que c'est que d'être à peine assez grand pour faire un grenadier. On n'a pas de courage, on a peur d'un rien. Ah! ce n'est pas William!... Mais j'entends miss Georgina...

SCÈNE TROISIÈME

POLLY, MISS GEORGINA.

GEORGINA

Eh bien, Polly, où êtes-vous donc?...

POLLY

Ici, miss. Je faisais prendre patience à mister Bob... qui vous attend depuis un quart d'heure... Il est au jardin,

GEORGINA, riant.

Ah! mister Chester est là! Avec son parapluie, n'est-ce pas? (*Elle ôte son chapeau et son tartan et les donne à Polly.*)

POLLY

Oui, miss...

GEORGINA

C'est évident. Le contraire m'eût étonnée. Quelle singulière manie !

POLLY

Je vais prévenir Son Honneur...

GEORGINA

Non, laissez-nous, Polly... Je veux le surprendre moi-même.

(Sortie de Polly.)

SCÈNE QUATRIÈME

GEORGINA, puis MISTER BOB.

GEORGINA

Ah ! mister Bob ose encore se présenter ici, après sa conduite d'hier soir, chez missis Chops, où il eut pour cette sotte miss Barbara Bloomsfield des attentions d'une rare inconvenance ! Très-bien, mister Bob, nous allons vous renvoyer gentiment à cette délicieuse créature ! Oh ! portez-lui votre cœur et votre parapluie, mister Bob, elle en sera fort aise, et moi j'en serai ravie.

BOB, à la porte qui donne dans le jardin.

Miss Gibson... j'ai l'honneur de déposer à vos chers petits pieds...

GEORGINA

Ah ! vous voilà, mister Chester... Bonjour mister Chester... Votre parapluie se porte bien, mister Chester ? Oh ! mon Dieu, qu'il a l'air terrible ce matin. . Il n'est pas chargé, au moins ?

BOB, un peu piqué.

Ma foi, miss Gibson, si cela vous amuse, je suis tout prêt à vous prier de ne pas nous épargner, mon parapluie et moi... mais, en vérité, qu'est-ce que nous vous avons fait ce matin ?...

POLLY

A moi ? rien du tout, mister Bob !... Ah ! certainement, je n'ai pas le droit de m'égayer un peu sur le compte de votre Pylade en soie cuite. Non, mister Bob ! mais vous êtes bien irritable ce matin, mister Bob. Dois-je m'agenouiller devant votre idole, et la prier d'oublier les offenses que vous voyez dans la question toute naturelle que je vous adresse sur la santé de ce meuble précieux ?

BOB, un peu boudeur.

Oh ! miss Georgina !

GEORGINA

Eh bien, mister Bob ! vous voilà blessé dans ce que vous avez de plus cher. (*Elle joint les mains devant le parapluie*) Pardon, monsieur le parapluie.

BOB

J'ai eu tort, miss Georgina, je le reconnais, de l'amener avec moi ici, comme autrefois ; mais puisque cela vous déplaît, je vais le soustraire à vos regards... Je vais le déposer dans le corridor, (*avec un soupir*) loin de tous. (*Il sort.*)

GEORGINA

Il fait le soumis, mais il n'en sera pas quitte à si bon compte. Miss Barbara Bloomsfield, je vous rendrai votre adorateur en miettes.

BOB, rentrant.

Voilà qui est fait, miss Georgina.

GEORGINA

Vous l'avez exilé! Cette proscription doit vous briser le cœur.

BOB

Voyons, miss Georgina! Est-ce l'approche de l'orage, car le vent a tourné depuis ce matin, qui vous rend si fébrile aujourd'hui?

GEORGINA

Me prenez-vous pour un baromètre en robe, à présent, mister Bob?

BOB

Oh! miss Gibson!... Je me demande seulement pourquoi mon... ce... mon...

GEORGINA

Parapluie, dites-le-mot. Oh! je suis préparée à tout!

BOB

Eh bien, oui, mon parapluie! Pourquoi le traitez-vous si rudement aujourd'hui? Qu'est-ce qu'il vous a fait, voyons?

GEORGINA, avec vivacité.

Ce qu'il m'a fait! Il m'a fait... Il m'a fait que je trouve absurde ce port éternel d'un objet disgracieux... et raillé dans tous les vaudevilles français! Il m'a fait... que je ne comprends pas comment un gentleman de votre sorte se condamne à une compagnie aussi grotesque tous les jours de cette vie... Encore si vous le portiez élégamment! mais non! vous le portez toujours sous le bras, la pointe en terre, comme si vous suiviez le convoi du général en chef des parapluies !... Il y a, enfin, que votre parapluie m'agace !... que je ne puis le souffrir, et que son maître...

BOB

Oh ! miss Georgina, voilà de dures paroles ! Eh bien, oui, miss Gibson, j'ai un parapluie, tous les jours, à toute heure, là !

GEORGINA

Et il veille sur votre sommeil, peut-être ?

BOB, avec douleur.

Oui ! c'est-à-dire non ! Mais, au moins, il ne me dit pas de choses... qui me font de la peine...

GEORGINA

Bon parapluie ! Après sa mort, vous lui élèverez un tombeau, un fourreau de marbre, n'est-ce pas ?

BOB

Vraiment, je suis très-étonné, miss Gibson, de la grêle de flèches que vous me décochez ce matin !

GEORGINA

Ouvrez votre parapluie alors, c'est le bouclier des temps modernes !

BOB

Eh bien, oui, miss Georgina, un parapluie est le bouclier d'un Anglais. C'est son moyen de défense contre les éléments qui semblent avoir choisi notre île pour leur lieu principal de rendez-vous. Sous un ciel toujours couleur de *waterproof*, le parapluie est l'arme naturelle d'un Anglo-Saxon. Avec elle, il défie victorieusement les bronchites, pleurésies, et autres tristes maladies que l'hiver britannique lance sur lui comme des projectiles. Qui peut songer à reprocher à l'homme faible de porter toujours avec lui une arme pour déjouer les attaques de ses ennemis mortels ? Est-ce qu'on reproche à l'éléphant de sortir tous les ours avec sa trompe ? Avec sa trompe l'éléphant arrache les bambous qui le gênent ou étrangle les tigres qui le regardent de travers. Eh bien ! mon parapluie, c'est ma trompe. C'est avec cela que je me bats contre la pluie, la neige fondue et la bruine, qui sont bien plus terribles et bien plus perfides que la collection complète des tigres du Bengale !

GEORGINA

Ah ! que je regrette donc, mister Bob, d'avoir profané...

BOB

Riez, miss Gibson ! Moi j'aurai le courage de mon parapluie ! Posséder un parapluie est le fait d'un homme prudent et avisé. Et je remercie tous les jours mes ancêtres de m'avoir donné le goût des parapluies ; car miss Georgina, sans cet objet que vous méprisez, je n'aurais jamais eu le bonheur de sauver un jour la vie à un malheureux enfant. Il était tombé dans le bassin d'un dock. Murs à pic. Pas de barque. Je tendis mon parapluie, l'enfant le saisit ; je le tirai à terre sain et sauf, quoique trempé. On utilise de cent façons excellentes un parapluie, miss Georgina. Et si le renard de la fable avait eu un parapluie, quand il se promenait dans cette treille dont les raisins, parfaitement mûrs, étaient trop hauts pour lui, il eût attiré une grappe avec le manche, et il n'aurait pas, en disant qu'ils étaient trop verts, passé pour un parfait imbécile aux yeux de la postérité,

GEORGINA, froidement.

C'est très-joli.

BOB, plus calme.

Mais, la visite que je suis venu vous faire, ce matin, miss Gibson, a un tout autre motif que la défense publique de mon protecteur en soie et baleines...

GEORGINA, vivement.

Ah! alors, vous veniez sans doute me faire part du plaisir que la conversation de miss Barbara vous a procuré, hier, chez missis Chops. Allez coqueter avec elle!...

BOB

Coqueter!... Miss Barbara! Coqueter! Miss Barbara! Non, je voulais savoir de vous simplement ce que je dois faire désormais pour mériter, comme ce long et glacial mister Fox, l'honneur de voir mon bras accepté le soir.

GEORGINA

Mister Bob, il est très-mal à un gentleman de venir dire d'un autre gentleman, en son absence, qu'il est long et glacial... Allez demander à miss Barbara, si elle n'est pas de mon avis là-dessus, mister Bob. Allez trouver miss Barbara!

BOB

Miss Gibson, est-ce mon congé que je reçois en ce moment?

GEORGINA

Mister Chester, je n'ai pas d'ordre à vous donner... mais je crois que l'heure de votre dîner approche...

BOB

Vous me mettez à la porte!

12

GEORGINA

Celle de miss Barbara vous est toute grande ouverte.

BOB

Bien ! alors je laisserai la vôtre entre bâillée pour mister Fox !

GEORGINA

Adieu, mister Chester.

BOB

Quoi ! vous ne riez pas ! c'est sérieux. Vous me renvoyez !... Vous ne m'autorisez pas à vous dire ce que j'avais résolu depuis longtemps de vous avouer... Vous ne le voulez pas ?

GEORGINA

Adieu, mister Chester.

BOB

Ah ! c'en est trop. Adieu donc, mis Gibson ! adieu pour toujours ! (*Il s'élance vers la porte, l'ouvre et sort éperdu.*)

GEORGINA, railleuse.

N'oubliez pas votre parapluie, cher mister Bob.

SCÈNE CINQUIÈME

GEORGINA, seule.

Enfin ! le voilà parti. Il a bien fait ! Je ne sais à quelles extrémités j'aurais pu me porter s'il était resté plus longtemps en ma présence. Je tremble... je me sens toute ner-

veuse aujourd'hui. Oh ! déloyal ! Cette Barbara, que je la
déteste ! Oh ! le joli ménage qu'ils feront tous les deux,
avec leur parapluie ! Non, je ne pouvais pardonner une
telle insolence, un dédain aussi marqué. Folle que j'étais !
Un jour de plus, et je me serais peut-être engagée à
jamais. Mais c'est bien fini, le voilà parti, et c'est pour
toujours, car je le connais, ce mister Bob, il ne fait rien à
la légère. Tout est bien rompu entre nous. Tant mieux,
il aurait été un très-mauvais mari. Caractère déplorable,
cœur plein d'amertune, nombreuses manies, monomanies
plutôt. Allons, j'ai eu raison de brusquer les choses. Ah !
c'est une habitude cruellement brisée. J'en souffrirai
un jour. Mais bientôt il n'en restera pas de traces dans
mon esprit. (*Entrée de Polly*) Que voulez-vous, Polly ?

SCÈNE SIXIÈME

GEORGINA, POLLY, un parapluie à la main.

POLLY

Oh ! miss ! (*Elle pleure.*)

GEORGINA

Qu'avez-vous, sotte fille ?

POLLY, sanglot comique étouffé.

Hi !...

GEORGINA

Eh bien, voyons ? Pourquoi donc ce déluge bruyant ?

POLLY

Je n'épouserai pas Blackbeer... Hi !

GEORGINA

Qui vous a dit cela ?

POLLY

Mister Bob !... Hi !

GEORGINA

Ah ! la sotte fille ! Taisez-vous !

POLLY

Hi ! hi ! Mister Bob m'a dit : « Votre maîtresse m'a chassé. Il ne me reste plus qu'à mourir, et vous n'épouserez pas Blackbeer ! Adieu, Polly ! » Ce mot-là m'a donné un tel coup au cœur, miss, que... hi ! hi ! je me suis mise à pleurer... Et il est parti... et, quand j'ai pu voir à travers mes larmes, je me suis aperçu qu'il avait laissé son parapluie contre le mur... hi... hi... et mister Bob doit être bien fâché, oui, puisqu'il a oublié son parapluie... hi, hi...

GEORGINA, très-nerveuse.

Allez-vous-en, Polly... ou je vous chasse !

POLLY (s'en allant, sans emporter le parapluie,
qu'elle laisse sur un fauteuil.)

Oui, miss, je m'en vais, hi, hi... Je n'épouserai pas Blackbeer, hi, hi... car nous ne trouverons jamais un autre appartement aussi haut de plafond ! hi ! hi !

SCÈNE SEPTIÈME

GEORGINA, seule.

Que veut-elle dire avec son plafond ? Cette fille est folle. Elle a pourtant raison de penser que mister Bob doit être furieux, ou du moins troublé comme il ne l'a jamais été, puisqu'il a oublié son parapluie... ce misérable parapluie! Il est fort laid! (*Elle le prend*) Il est abominable! C'est égal, il y tenait, il y tenait beaucoup, comme on tient à un vieux compagnon. Ah! il faut que mister Bob ait éprouvé une déception bien vive, bien profonde, lui, un homme si méthodique, si calme, si patient, pour qu'il ait perdu jusqu'au souvenir d'un objet qu'il n'a jamais quitté. En vérité! il l'a oublié, complétement oublié, cet affreux ami qu'il chérissait! Ah! je lui ai porté un coup terrible, évidemment. Et je ne puis m'empêcher de penser que l'affection, que je lui savais pour moi, était en effet sérieuse et forte, puisque la perte de ses espérances l'a absorbé au point de lui faire commettre un acte si en dehors de sa nature. Allons, c'est ce vilain parapluie qui est cause de tout cela. Stupide parapluie! Bête parapluie! Sans lui, je n'aurais peut-être pas cédé à la mauvaise tentation de railler mister Bob, qui m'a passé par la tête. C'est sans doute l'orage qui a surexcité mes nerfs! Car, je le sais bien, il n'a jamais pensé à cette Barbara. C'est un esprit trop droit, c'est un cœur trop élevé, pour qu'il ait jamais songé à parler à cette Bloomsfield, autrement que pour me piquer au jeu! Il m'aime! je le sais bien, il m'aime de toute son âme, depuis de longues et chères années. J'en ai eu cent fois la preuve. Le souvenir des attentions délicates, attendrissantes, dont il m'a sans cesse entourée, est là pour toujours gravé dans mon cœur. Il m'aime! et je l'ai chassé, méchamment, à cause de ce parapluie!... Oh! loin de moi, horrible chose!... (*Elle le jette, puis elle le reprend*) Mais non, il est innocent de tout cela, ce pauvre diable! Et ce qu'il me rappelle en ce moment, c'est la prudence, la sagesse, les habitudes d'ordre et de confort de son maître, la vie honnête et pure de ce bon et

courageux travailleur, dont j'ai percé le cœur d'un trait
peut-être fatal. Il a dit à Polly qu'il ne lui restait plus
qu'à mourir ? Ah! ces natures, si paisibles ordinairement,
sont capables de résolutions effrayantes, une fois qu'elles
sont déraillées. Mon Dieu! si j'allais avoir causé la mort
du seul homme que j'aime! Oh! quelle horrible pensée!
Pauvre Bob! mon cher ami! (*Elle presse le parapluie sur
son cœur.*) Oh! je le suivrai dans la tombe, oui, oui, je le
sens, j'en mourrai aussi! Et voilà tout ce qui me reste de
son amour et de mon bonheur! (*Elle pleure et embrasse
le parapluie.*) Et c'est ma faute. Oh! pardon, pardon,
mister Bob! pardon!

(La porte s'ouvre doucement, paraît mister Bob, un parapluie sous le
bras.)

SCÈNE HUITIÈME

GEORGINA, BOB.

BOB, timidement.

C'est moi, miss Gibson... Pardonnez-moi, miss Gibson,
c'est encore moi...

GEORGINA (avec confusion, et cachant derrière elle le parapluie
qu'elle tenait.)

Que voulez-vous, mister Chester? (*Elle aperçoit le parapluie que tient Bob*) Grand Dieu ! Vous n'étiez donc pas
parti sans parapluie?

BOB

Excusez-moi, miss Georgina... Non, je ne suis pas part
sans parapluie... Mais ce n'est pas le mien que j'ai emporté... je me suis trompé...

GEORGINA, à part.

Ah! tant mieux... cela aurait été si ridicule... (*Haut*)
Mais quel parapluie tenez-vous donc là?

BOB, très-ému.

Mais le vôtre, miss Georgina, que j'ai pris par mégarde
dans mon trouble, en m'en allant... Je me suis aperçu
de mon erreur tout à l'heure, comme je l'ouvrais dans la
rue, parce que j'avais senti des gouttes brûlantes tomber
sur ma main.... (*Il s'attendrit.*) Mais ce n'était pas du ciel
qu'elles tombaient... et alors j'ai refermé ce parapluie, qui
est tout petit, et qui est le vôtre; car, malgré ma douleur,
ça me faisait bien plaisir de le tenir à la hauteur de mon
cœur... Je voulais le garder d'abord... mais la probité me
faisait un devoir de venir vous le rendre... et je suis
revenu ici, (*il redevient très-froid.*) ramené par lui...

GEORGINA, attendrie.

Allons, mister Bob... du courage! préparez-vous à une
grande joie... votre parapluie n'est pas perdu... le voilà...
(*Elle lui tend le parapluie qu'elle tenait derrière son dos.*)

BOB (il met sous son bras le parapluie avec lequel il est entré, et prend
celui que lui offre miss Georgina ; il l'examine.)

Mais, pardon, miss Gibson! ce parapluie n'est pas à
moi...

GEORGINA, pâlissant.

Il n'est pas à vous! C'est impossible!

BOB

Non, miss Gibson. Cela n'est pas mon cher parapluie!...
C'est... et tenez, voici le nom de son propriétaire gravé

sur le manche... (*Il lit*) Fox ! C'est le parapluie de mister Fox !... Il l'aura oublié hier soir, après vous avoir reconduite ici. (*A part*) Et il aura été trempé comme une rôtie à la bière, tant mieux ! (*Il tient le parapluie avec dégoût du bout des doigts.*)

GEORGINA, violemment surprise, furieuse.

Juste ciel ! en vérite !... Ah ! c'est un peu trop fort ! Quoi ! c'est à cet ignoble parapluie que je demandais pardon si humblement tout à l'heure, et dont j'ai si tendrement baisé la pomme ? (*Elle arrache le parapluie des mains de mister Bob, et le foule aux pieds.*) Je ne m'en consolerai de ma vie !

BOB, au comble de l'étonnement.

Qu'entends-je ! Vous avez embrassé un parapluie tout à l'heure et vous le croyiez le mien ?... et vous lui avez demandé pardon ? Ah ! ah ! Georgina ! (*Il tombe à ses genoux*) Georgina !

GEORGINA

Bob !

BOB, avec ardeur.

Oui, Georgina, oui, je vous aime ! Et il y a vingt-quatre heures que je vous aurais priée de m'accepter pour votre mari, sans ce long et glacial mister Fox. Oh ! qu'il m'a fait souffrir.

GEORGINA

Oh ! Bob ! que cette Barbara m'avait rendue malheureuse ! mais nous serons bien vengés : miss Barbara sera la femme de mister Fox, et moi...

BOB

Oh ! Georgina !

GEORGINA

Bob ! (*Elle lui tend la main.*)

(Entrée de Polly, un troisième parapluie à la main)

SCÈNE NEUVIÈME

GEORGINA, BOB, POLLY.

POLLY (elle recule frappée de stupeur.)

Oh ! pardon, miss ! (*Elle fait mine de se retirer.*) Je reviendrai, miss...

GEORGINA

Restez, petite niaise que vous êtes... Mister Chester sera bientôt votre maître. Cela vous déplaît-il ?

BOB, toujours à genoux.

Ne dites pas non, Polly ! ne dites pas non, ma chère !

POLLY

Hurrah ! pour mister Bob ! Oh ! quel bonheur ! j'épouserai William Blackbeer ! Que je suis heureuse ! (*Elle gesticule avec le parapluie qu'elle tient*) Prévenez l'architecte, mister Bob !

BOB se relève brusquement et court à Polly, comme le tigre sur une proie.

Dieu me pardonne ! voici mon parapluie ! Oh ! pardon, Georgina, mais comme c'est lui qui m'a ramené

ici, je voulais le remercier pour le bonheur qu'il me pro-
cure.

GEORGINA à Polly.

Donnez-le-moi, Polly. (*Montrant le parapluie de mister
Fox qui gît sur le parquet*) Pour celui-ci, Polly, au grenier !(*Elle s'adresse tendrement au parapluie que tient alors
mister Bob.*) Sans toi, tout était perdu. Je jure de t'aimer
et de te respecter à l'avenir... comme une bonne et
fidèle épouse doit respecter et chérir tout ce qui appartient
à un mari fidèle et tendre... et, les jours de pluie, doré-
navant, Bob, mon orgueil sera d'aller, par les rues, à votre
bras, (*elle ouvre le parapluie et donne le bras à Bob*)
comme ceci.

BOB

Oui, mais pour aujourd'hui n'abusons pas. (*Il ferme le
parapluie*) Le vent a tourné de nouveau.

POLLY

Il est au nord à présent, mister Bob !

BOB

Tout va bien, nous n'aurons pas de pluie, et voici le
soleil !

(Précédés de Polly, qui porte avec dégoût le parapluie de mister Fox,
Bob et Georgina remontent la scène en se donnant le bras.)

La toile tombe.

LA VIEILLE MAISON

Comédie en un Acte

Par M. ANDRÉ THEURIET.

PERSONNAGES

M. GILBERT.

ALINE DES AULNOIS, sa cousine.

ROGER.

SIMONE, servante de madame des Aulnois.

La Scène se passe en Touraine, dans une petite ville.

LA VIEILLE MAISON

---

*Un salon de travail au rez-de-chaussée de la maison de
Mme des Aulnois. — Au fond, porte à deux battants,
ouverte sur une antichambre donnant accès dans la cour.
— A gauche, au premier plan, une table chargée de
livres et un fauteuil, entourés d'un paravent ; au deuxième
plan, porte communiquant avec l'intérieur du logis. —
A droite, au premier plan, une fenêtre ouvrant sur un
jardin, et près de la fenêtre un canapé et une table à
ouvrage ; au deuxième plan, une porte-fenêtre con-
duisant au jardin. — Vieux meubles, tentures fanées,
ensemble mélancolique et endormi.*

SCÈNE PREMIÈRE

ALINE, puis SIMONE.

ALINE, assise sur le canapé, travaille à une bande de tapisserie. Elle
laisse tomber son ouvrage et reste pensive. — La porte du fond
s'ouvre et livre passage à Simone chargée de paquets.

SIMONE, 40 ans. — Tournure et costume de paysanne tourangelle ;
démarche alerte et mine joviale. — Elle s'avance vivement vers la
jeune fille plongée dans sa reverie.

Me voilà ! Bonjour, ma mignonne !

ALINE, surprise.

Comment, c'est toi ?... Nous ne t'attendions que
demain.

SIMONE

C'est vrai, mais j'avais le mal du pays là-bas ; le jour,
je pensais à la maison, au verger, à mes bêtes et, la nuit,
j'en rêvais ; je voyais le chat sur la fenêtre, les pigeons
sur notre toit, et ils avaient l'air si esseulés, que ça me
rendait toute mélancolique... Dame, je n'ai pu y tenir,
et dare dare, j'ai pris le chemin de fer ; à Tours j'ai sauté
dans la carriole, et me voici. (*Elle dépose ses paquets à
terre et s'assied.*) Ah ! qu'on est bien ici ! Vrai, ma fille,
comme dit le proverbe, il n'y a pas de petit chez soi !

ALINE

Comment se porte ma mère ?

SIMONE

Comme un charme !... Il faut la voir courant les rues
de Paris dès le fin matin, marchandant avec les bouti-
quiers, discutant avec les gens de loi et recevant des
visites... Ah ! nous avons bien employé notre temps !

ALINE

Et Paris... Est-ce bien beau, Simone ?

SIMONE

Euh !... Oui et non... J'avais rêvé mieux que ça !... Je
croyais trouver une ville reluisante d'or et d'argent, et
j'y ai vu encore plus de boue que dans les rues de chez
nous ; tous les gens semblent avoir pris les fièvres : les
faces sont pâles, et les logis sont noirs... Et leur soleil
tout barbouillé de fumée !... Ah ! que j'aime bien mieux
le soleil de chez nous !

ALINE, soupirant d'un air ennuyé.

Tu en parles à ton aise... Est-ce qu'il fait du soleil ici ?...

La maison est comme un tombeau, je m'y sens triste à
mourir, et on m'y enterrera si j'y reste encore longtemps!

SIMONE

Oh! mignonne, peux-tu dire de ces choses-là, à ton
âge, à dix-sept ans?

ALINE

A quoi me sert ma jeunesse?... Je n'en profite guère
dans cette bourgade où les gens ont l'air de dormir en
marchant dans les rues pleines d'herbe... Tous les matins
je m'éveille en souhaitant qu'un peu d'imprévu vienne
égayer notre solitude; chaque jour, je me dis : c'est peut-
être pour aujourd'hui !... Et rien ne vient !

SIMONE, riant d'un air fin.

Cela viendra...

ALINE

Jamais!... Ah! Paris... Voilà où je voudrais être !

SIMONE

Patience, petite fille, tu y seras peut-être plus tôt que
tu ne penses... Écoute : ta mère a dessein de vendre la
maison et de demeurer à Paris.

ALINE, demi-joyeuse et demi-incrédule.

Tout de bon ?... Qui te l'a dit ?

SIMONE

Personne... Mais j'ai l'oreille fine, et, quand j'ai vu
qu'on me faisait des cachotteries, je me suis plantée derrière une porte et j'ai tout entendu... Madame des Aulnois
sera ici demain soir; elle veut causer de ses projets avec
toi et le vieux monsieur Gilbert.

ALINE

Pauvre cousin, comment prendra-t-il la chose?

SIMONE

Assez mal, le cher homme... Il n'est pas comme toi, lui; il aime la maison. Songe, ma fille, voilà cinquante ans qu'il y demeure! Il y est venu avec ton grand-père, quand madame n'était encore qu'une enfant et, depuis ce temps-là, il n'a jamais couché dehors... Lorsque madame a épousé M. des Aulnois et s'en est allée en Anjou, M. Gilbert est resté au logis, et quand, après son veuvage, ta mère est revenue ici avec toi, elle a retrouvé son vieux cousin, sur les premières marches de ce pavillon; — fidèle à son poste, ni plus ni moins qu'un chien de garde... Pauvre bonhomme, il espérait bien y mourir, et ça lui fera mal au cœur de partir.

ALINE

Pourquoi?... Nous l'emmènerons avec nous... Tantôt, dès qu'il sera de retour, je le préparerai doucement au voyage.

SIMONE

Tu auras de la peine. A son âge, vois-tu, on est comme mon chat; on s'attache à son grenier et on n'en veut plus sortir... Essaye, mais je n'ai pas grand espoir... Le voici justement qui revient de sa promenade au verger, les mains derrière le dos et la mine épanouie... Cher homme, tu ne sais guère ce qui t'attend!... Pendant que vous causerez, je vais faire un tour là-haut et tout remettre en ordre.

(Elle reprend ses paquets et sort par la gauche.)

SCÈNE DEUXIÈME

ALINE, M. GILBERT.

ALINE, *joyeuse.*

Partir!... Vivre à Paris!... Rien qu'à cette pensée, je me sens vive comme un pinson et plus légère de moitié.

(Elle se met à chanter en repliant sa tapisserie.)

La belle est au jardin d'amour,
Voilà un mois ou six semaines;
Son père la cherche partout,
Et son amant est bien en peine.

Elle est vêtue en satin blanc,
Et dans ses mains, blanches mitaines,
Ses cheveux qui flottent au vent
Ont une odeur de marjolaine...

(M. Gilbert entre par la porte du jardin et s'arrête pour écouter.)

M. GILBERT

Bravo, fillette! Voilà une jolie chanson!... J'aime mieux cette gaieté-là que ta sombre humeur de ce matin... N'est-ce pas qu'il fait beau ce soir et qu'il fait bon vivre ici?... Tiens, je regardais tout à l'heure la maison à travers les arbres du verger, du côté où sont les abricotiers. — Tu ne saurais croire comme sa façade renaissance et sa tourelle pointue ont bonne grâce au soleil couchant!... Voilà bien des années que je les contemple ainsi, pendant les soirs d'été et, chaque fois, il me semble voir ma jeunesse sourire à toutes les vitres des fenêtres.

ALINE, à part.

Pauvre cousin, comment lui apprendre ma nouvelle ? (*Haut.*) Vous l'aimez donc bien cette maison, cousin Gilbert ?

M. GILBERT, s'animant.

Si je l'aime ?... Depuis cinquante ans que je l'habite, j'y ai mis la substance même de mon cœur, rêves, sentiments, pensées... Toute ma vie est là. Il me semble que je l'ai créée à mon image, et qu'elle est faite pour moi, comme moi pour elle.

ALINE

De sorte que s'il fallait jamais la quitter...

M. GILBERT, l'interrompant.

La quitter ! Où as-tu l'esprit ? Est-ce qu'on quitte un bel et bon gîte où l'on vit entre une vieille amie comme ta mère, et une charmante enfant comme toi ?... Sans compter de chères habitudes dont on ne peut se défaire.

ALINE, insistant.

Mais si ma mère, par exemple, se décidait à habiter une autre ville après avoir vendu la maison ?...

M. GILBERT, indigné.

Allons donc !... Ce serait de la folie !... Voyons, mignonne, trève à ces plaisanteries cruelles, qui me donnent le frisson... Tiens, (*Il lui tend la main*) tu as dit deux mots en l'air, et me voici tout tremblant ; juge de ce qui arriverait s'il s'agissait sérieusement de... Eh bien, pourquoi me regardes-tu avec cette mine attristée et mystérieuse ?... C'est une plaisanterie, n'est-ce pas ? (*Aline secoue la tête.*) Non !... On voudrait vendre la maison ?...

(Signe affirmatif d'Aline.) C'est impossible, qui te l'a dit?

ALINE

Simone, qui est revenue tout à l'heure... Elle a tout entendu... Nous irons vivre à Paris.

M. GILBERT, atterré.

Eh bien! et moi?

ALINE

Vous, mon cousin? mais c'est tout simple, vous viendrez avec nous... Nous vous arrangerons un petit nid bien calme, et meublé selon vos goûts.

M. GILBERT, brusquement.

A mon âge on ne bâtit plus de nids : on s'enfonce dans son trou, et on y reste.

ALINE, d'un ton câlin.

Vous vous imaginez cela, parce que vous n'êtes jamais sorti; mais vous changerez d'avis là-bas... C'est si charmant, ce qui est nouveau !

M. GILBERT, s'animant.

Tu ne comprends donc pas...

ALINE, l'interrompant avec un baiser sur la joue, et lui mettant la main sur les lèvres.

Chut!... Et Paris, et ses merveilles, les comptez-vous pour rien? Allons, c'est convenu, vous serez du voyage.

M. GILBERT, la repoussant et marchant d'un air agité.

Non, mille fois non!... Oh! l'affaire n'est pas conclue encore! Je vais écrire à ta mère... Elle entendra raison,

et renoncera à cette vente insensée, à cette idée folle
éclose dans le cerveau d'une enfant gâtée !

ALINE, d'un ton boudeur.

Voilà que vous vous fâchez?... Je regrette maintenant
de vous avoir parlé de cette vente... Calmez-vous ; je sup-
plierai moi-même ma mère de rompre ses projets... Je
tâcherai de me faire à cette vie de prison, voilà tout !

M. GILBERT

Voyons, mon enfant, écoute-moi un peu !

ALINE

Non, non, à quoi bon?... Je suis résignée à mourir
d'ennui... Bonsoir, cousin. (*Elle détourne la tête et sort
par la gauche.*)

SCÈNE TROISIÈME

M. GILBERT, seul.

Aline !... Elle ne m'entend pas, elle s'en va !... Que
peuvent mes raisonnements contre sa fantaisie? O jeunesse égoïste, âge frivole et cruel, qui ne respecte rien !...
Sa mère lui cédera tout ; elle est habituée à lui obéir.
(*Il s'assied à gauche et regarde tristement autour de lui.*)
Je te verrai donc passer aux mains des étrangers, ma chère
maison ! Il faudra vous quitter, mes vieux murs !... Mais je
n'irai pas loin ; je veux toujours vous avoir pour horizon !...
Je connais dans les hauts quartiers un endroit d'où la vue
s'étend de ce côté-ci ; j'y louerai une petite chambre, afin
d'apercevoir encore la fumée de mon ancien toit... Oui,
mais tous mes souvenirs, nichés dans chaque coin, il

faudra leur dire adieu... Et la douce habitude de vivre entre ces deux femmes qui donnaient aux vieilles choses un charme nouveau!... Tout cela sera perdu, perdu pour jamais!... (*Il porte la main à ses yeux.*) Hein!... Une larme?... Quand je serai tout seul, bien d'autres glisseront entre mes doigts. (*Il se lève.*) Cette affreuse nouvelle, tombant au milieu de ma vie tranquille, m'a tout bouleversé... Il ne faut pourtant pas se laisser abattre. (*Il marche avec agitation.*) Allons, Gilbert, du courage, morbleu! Que diable, tout n'est pas désespéré!... Il ne s'agit, après tout, que d'un propos de servante: quand la langue démange, on la remue à tort et à travers, et cette Simone est si bavarde! Qui sait? elle aura peut-être voulu se moquer d'Aline!... L'enfant aura tout cru: on croit si vite ce que le cœur désire!... Bah! Chimères!... Attendons! (*On entend heurter à la porte du fond.*) Hein! on a frappé. (*Il va ouvrir.*) Entrez!

SCÈNE QUATRIÈME

M. GILBERT, ROGER, en costume de voyage.

ROGER, d'un ton brusque.

Mille pardons! Madame des Aulnois?

M. GILBERT, étonné.

Elle est absente pour quelques jours encore, monsieur, mais je suis son parent, et...

ROGER, l'interrompant.

Sa maison est à vendre?

M. GILBERT, atterré, à part.

C'était vrai!

ROGER

Je désirerais la visiter.

M. GILBERT, à part.

Déjà! (*Haut, à Roger*) Vous allez peut-être me trouver bien indiscret, monsieur... Permettez-moi deux questions.

ROGER

Faites, monsieur.

M. GILBERT

D'abord, qui vous a si promptement renseigné sur les intentions de la propriétaire?

ROGER

Parbleu! M° Moreau, le notaire chargé de dresser l'acte.

M. GILBERT, accablé.

C'est juste... Et votre nom, monsieur ?

ROGER

Monsieur Roger.

M. GILBERT, répétant machinalement.

Monsieur Roger... Merci, monsieur, et pardon!... Vous comprenez que, dans une affaire aussi majeure, il y a certaines précautions préalables...

ROGER, souriant.

J'entends, vous craignez que je ne sois pas un amateur sérieux... Rassurez-vous, je suis très-rond en affaires et, sitôt la vente conclue, je compte en verser le prix chez votre notaire. Et maintenant que ce point est éclairci,

vous me permettrez, j'espère, de visiter la maison, le clos
attenant, aisances, dépendances, etc... Du reste, le logis
a bonne mine, et il m'a séduit tout d'abord.

M. GILBERT, flatté.

Vraiment! (*Se reprenant*) Vous n'êtes point difficile
alors, car la rue est triste, la maison est incommode, mal
éclairée, bâtie à l'antique...

ROGER

Tant mieux! Je ne hais rien tant que ces maisons
neuves, toutes taillées sur le même patron, avec leurs
façades blanches qui donnent froid, et leurs cloisons à
travers lesquelles on s'entend éternuer... Parlez-moi des
bons vieux murs d'autrefois : c'est massif, cela dure !

M. GILBERT, s'animant à mesure.

Des siècles, monsieur!... (*Se reprenant*) Pas toujours;
car nous avons celui du verger qui menace ruine. Quant
au jardin, il est dans un état à faire pitié : humide, her-
beux, envahi par de grands arbres couverts de mousse;
le sainfoin pousse dans les plates-bandes, et la pelouse
est un champ de coquelicots.

ROGER

Charmant!... J'avais toujours rêvé un de ces grands
jardins touffus, à peine cultivés, où, le soir, à travers les
arbres centenaires, on croit voir errer les hôtes du temps
passé.

M. GILBERT, ému et se rapprochant.

N'est-ce pas?... (*A part*) Il a du bon, ce jeune homme
Haut) Le jardin, passe encore; mais la maison, monsieur!... Vous la trouverez fort maussade, avec son esca

lier de brique, ses fenêtres à petits carreaux, où le jour ne passe pas et où le vent s'engouffre.

ROGER, d'un air de bonne humeur.

¡ Bah!... Mais c'est un plaisir que d'entendre la chanson de la bise dans les couloirs, tandis qu'au fond d'une chambre bien close on se chauffe à un brasier flambant.

M. GILBERT, secouant la tête.

Oui, oui, quand la cheminée est bonne... Ici, tout fume! (*A part*) Brave garçon, il m'enchante — et me désespère!... Je n'ai point de chance!

ROGER, à part.

Le singulier vieillard, et l'étrange façon d'attirer les clients! (*Haut, et riant*) Vous êtes franc, monsieur, et l'on ne vous accusera point de parer la marchandise... Vous la détestez donc bien, cette maison?

M. GILBERT, enthousiasmé et indigné.

Moi? Je l'adore! (*Se reprenant*) C'est-à-dire... Ah! tenez, je ne sais pas feindre, et je vais tout vous confier... Vous êtes un brave cœur, et vous me comprendrez, vous! — Ce vieux logis a vu mes premières joies d'enfant et mon premier amour... Le premier et le seul!... J'aimais une jeune parente que j'avais connue tout enfant. Je l'aimais sans oser le lui dire; je la voyais croître en beauté tous les jours, et je me trouvais heureux! (*Avec un soupir*) Les timides ont tort! Quand je voulus parler, il était trop tard et elle était fiancée. Je la vis partir un matin avec mon rival!... Sa maison abandonnée était vivante encore pour moi... J'obtins d'y rester, et je m'y enfermai avec mes regrets et mes reliques, jusqu'au jour où la propriétaire, madame des Aulnois, vint l'occuper avec sa fille, une jolie enfant que nous élevâmes à nous deux, dans le silence du vieux logis... Mais l'enfant est devenue grande; à mesure que les ailes lui ont poussé, l'ennui du nid l'a prise; son cœur soupire après le changement et l'inconnu... C'est pour lui plaire que sa mère se décide à vendre la maison... La vendre! Cette pensée me fait frissonner. (*Il tend les mains à Roger, qui les lui serre.*) Vous me comprenez, vous! vous avez le respect des souvenirs, et vous trouviez tout à l'heure de bonnes paroles pour exprimer l'attrait des vieilles choses! Vous aurez pitié de ma peine, et vous me viendrez en aide.

ROGER

Je ne demanderais pas mieux, mais comment? Supposez que je me retire, la maison n'en sera pas moins à vendre.

M. GILBERT, tristement.

C'est vrai! c'est vrai!

ROGER

Ce ne sont pas les acquéreurs qu'il faut convaincre, c'est mademoiselle des Aulnois.

M. GILBERT

Aline!... Oui, vous avez raison; mais par quels moyens? Moi, j'y ai déjà perdu ma rhétorique. (*Réfléchissant*) Il me vient une idée!... Vous allez en rire!... Plaidez ma cause auprès d'elle.

ROGER

Moi! allons donc!... Quelle influence pourrais-je avoir?

M. GILBERT

Eh! celle de la jeunesse!... Je suis vieux, moi, et quoi

que je dise, je passe pour un radoteur. Mais vous êtes
jeune et vous êtes inconnu : deux grandes qualités! On
vous écoutera et on se laissera toucher, pour peu que vous
soyez éloquent.

ROGER

Oui ; mais le serai-je?... J'ai presque toujours vécu sur
mer, et je n'ai guère l'habitude de parler aux demoiselles.

M. GILBERT

D'abord, votre désir d'acheter la maison vous servira
d'entrée en matière... Puis, doucement et par insinuation,
vous direz à Aline ce que vous me disiez tout à l'heure,
et vous le lui direz bien mieux encore, j'en réponds!...
Faites-le pour moi, je vous en supplie!... (*Il lui prend les
mains.*) Tenez, la voici qui descend, je vais vous présenter.

SCÈNE CINQUIÈME.

LES MÊMES, ALINE.

(Elle entre par la gauche et s'arrête, toute surprise, en apercevant un
étranger.)

M. GILBERT, à Aline.

Ma chère Aline, te voilà servie à souhait, et les acquéreurs accourent déjà (*Présentant Roger*) Monsieur Roger
(*Bas à Aline*) Ce monsieur désire visiter la maison, et je
ne me sens pas d'humeur à assister à cette triste cérémonie. Tu me rendras le service de l'accompagner. (*Haut
à Roger*) Je vous laisse, monsieur, avec mademoiselle
des Aulnois; elle vous fera mieux que moi les honneurs

du logis. (*Bas*) Allons, ferme ! soyez persuasif, ou c'en est fait de la paix de mes vieux ans ! Je vais vous attendre là dehors, aux environs du mail. (*Il sort par la porte du fond et Aline le conduit jusque sur le seuil.*)

SCÈNE SIXIÈME

ROGER, ALINE.

ROGER, regardant la jeune fille à la dérobée, tandis qu'elle reconduit M. Gilbert.

Elle est bien jolie ! Me voilà tout ému au moment de l'aborder. (*Dès que M. Gilbert est sorti, Aline revient lentement vers la droite, après avoir jeté un coup d'œil rapide sur le nouveau venu.*)

ALINE, à part.

Il n'est pas beau, mais il a l'air loyal et ouvert. (*Elle se rapproche de Roger ; tous deux, se contemplant silencieusement, semblent se demander du regard lequel parlera le premier*).

ALINE, souriant à Roger.

Vous plaît-il, monsieur, de commencer par la maison ou de visiter d'abord le jardin ?

ROGER

Nous jetterons, si vous le permettez, un coup d'œil sur le jardin — pour la forme, — car l'ensemble me plaît, et je suis déjà fixé.

ALINE

C'est donc vous, monsieur, qui voulez demeurer ici ?

ROGER

Oui, mademoiselle, moi, mon chien et mes livres.

ALINE, naïvement.

Ah !... si jeune !

ROGER, d'un air comiquement résigné.

Trente ans. (*Il s'incline.*) C'est encore trop tôt pour se faire ermite ; mais quoi ! la vie banale et remuante des grandes villes m'ennuie... Parfois, en automne, quand je regagnais Paris à toute vapeur, il m'est arrivé d'entrevoir sur la route une bonne vieille maison pareille à celle-ci... Je la regardais fuir à travers les peupliers effeuillés... Elle était, comme la vôtre, un peu à l'écart de la ville ; je voyais fumer son toit de tuiles moussues, briller ses vitres encadrées de vigne, et j'enviais cette retraite intime, calme, ignorée... Je me disais que s'il y a encore un peu de romanesque dans la vie, c'est là qu'on doit le trouver.

ALINE

Vous pensez rencontrer un roman en venant loger ici ?

ROGER

J'en suis sûr.

ALINE, riant.

Ah ! monsieur, il y a conscience de vous laisser dans une erreur pareille !... Moi, je n'en ai jamais vu.

ROGER, à part.

Quel joli son de voix et quelle ingénuité ! (*Haut*) C'est que vous n'avez point de patience, mademoiselle. Le seul pays où chante encore l'oiseau bleu, ce n'est point Paris, c'est la province. Je vous le prouverai, si vous le désirez.

ALINE, à part.

Quel original! (*Haut*) Voyons, monsieur, je vous écoute. (*Elle s'appuie contre le dossier d'une chaise et lève les yeux vers Roger.*)

ROGER, la regardant d'un air charmé.

Eh bien, je prendrai un exemple... Et ce sera vous, mademoiselle, si vous le permettez. — Vous êtes jolie...

ALINE, confuse.

Monsieur...

ROGER, continuant.

Vous avez eu dix-sept ans au mois d'avril dernier.

ALINE, étonnée.

C'est vrai... D'où le savez-vous?

ROGER

Je le lis dans vos yeux, qui sont imprégnés de printemps... Avec votre jeunesse et votre beauté, il n'est pas possible que vous n'ayez jamais pensé au mariage, à un mariage où l'amour aurait sa part.

ALINE, bas.

Ah! mon Dieu, que va-t-il me dire?... (*Haut*) Monsieur, il se fait tard; si nous visitions le jardin!

ROGER

Écoutez-moi un moment encore... Est-ce que ce mot d'amour vous fait peur, et n'est-il pas naturel que le jour du mariage apparaisse aux jeunes filles précédé par une aurore d'amour? Le mot de fiancé n'a-t-il jamais agité votre cœur d'un doux tremblement? N'avez-vous jamais rêvé à l'heure mystérieuse de la première rencontre? aux

rougeurs confuses du premier aveu ?... Eh bien, là-bas,
dans nos grandes villes, il vous faudrait tout d'abord
renoncer à ce doux roman des fiançailles.

ALINE

Pourquoi ?

ROGER

Dans le monde, la routine et les conventions ont dé-
pouillé le mariage de son mystère et de sa poésie ; tout y
est réglé, étiqueté et taxé comme un voyage en chemin de
fer : la dot, les bouquets et l'heure de la cérémonie. Tout
y est banal, depuis la voiture de remise qui transporte les
nouveaux mariés à la gare...—je veux dire à la mairie,—jusqu'à l'hôtel meublé de Fontainebleau, où se passe le plus
souvent la lune de miel... Les époux, inconnus l'un à
l'autre, font ensemble le solennel trajet du mariage, comme
deux étrangers que le hasard a renfermés dans le même
compartiment ; la campagne est plate, le jour est terne,
toutes les stations se ressemblent... Et cette délicate fleur
d'amour, dont le parfum léger ferait à peine trébucher une
balance d'or, la loi, pareille à un facteur de messageries,
la pèse brutalement sur sa bascule, comme un colis sur
lequel on a oublié d'écrire : Fragile !

ALINE, d'un air surpris.

Oh ! Savez-vous que c'est triste, tout ce que vous dites-
là... (*Soupirant*) Mais en province notre vie n'est pas gaie
non plus, allez !... Dans une petite ville, on risque fort
de mourir vieille fille ; on sèche sur pied et on est perdue
comme une plante sauvage au fond d'un bois.

ROGER

Vous vous trompez... Tant que la fleur des bois n'est
qu'en bouton, le vent l'agite seul, et seul lui tient com-

pagnie; mais, un matin, le bouton s'est épanoui, et voilà
des abeilles et des papillons qui bourdonnent alentour.
D'où viennent-ils?.. Cette antique maison de province,
personne ne la connaissait, l'herbe poussait dans ses chemins... Tout à coup une jeune fille y parait, les amoureux
accourent, et le roman dont je vous parlais commence. —
Connaissez-vous le conte de *la Belle au bois dormant?*

ALINE, souriant.

Je devine ce que vous allez me dire... Notre maison
ressemble au palais endormi de la princesse... (*Avec un
soupir*) Mais le fils du roi n'y viendra jamais! (*Elle va
s'asseoir sur un canapé.*)

ROGER

Qui sait?... Vous l'entendrez peut-être frapper à votre
porte, à l'heure où vous vous y attendrez le moins. Un
beau soir, vous verrez venir un jeune homme inconnu...

ALINE, étourdiment.

Comme vous!

ROGER

Il s'assiéra près de vous sur ce vieux meuble, (*Il s'assied près d'Aline*) en face de ce grand jardin plein
d'ombre, et tout simplement il vous prendra la main
et vous parlera d'amour.

ALINE, faisant un mouvement pour se lever.

Oh! mais je ne l'écouterai pas!

ROGER, la retenant.

Pourquoi?... Vous m'écoutez bien, moi?

ALINE, très-embarrassée.

Vous, monsieur, c'est différent... Vous n'êtes venu
que pour la maison.

ROGER, à part.

Elle est adorable! (*Haut*) Pourquoi je suis venu, je
n'en sais plus rien; il me semble qu'il y a un abîme entre
le moment où je suis entré et celui où je vous parle, tant
mon cœur a fait de chemin!... Ce que je suis maintenant, à quoi bon vous le dire, si vous ne l'avez déjà
compris? Chère enfant naïve, je vous aime! (*Il veut lui
prendre la main, mais Aline s'échappe brusquement et
s'enfuit vers la gauche.*)

ALINE, suffoquée et d'une voix très-émue.

Monsieur, y pensez-vous?... Partez sur-le-champ!

ROGER, d'un ton suppliant.

Mademoiselle Aline!

ALINE

Non, monsieur, pas un mot! Si vous vous obstinez à
rester, c'est moi qui vous céderai la place. (*Elle fait le
geste d'entrer à gauche.*)

ROGER

Non, non, c'est à moi de me retirer, puisque je vous
ai déplu... Adieu, mademoiselle. Je m'en vais... mais je
vous aime! (*Il sort par la porte du fond.*)

SCÈNE SEPTIÈME

ALINE, seule.

(Elle marche d'un air agité, s'arrête par moments pour écouter, puis va se rasseoir près de la fenêtre.)

J'étouffe... C'est indigne !... Qui aurait cru cela à son air réservé? Est-ce une gageure ou une plaisanterie?... Non; il était sérieux et sa voix tremblait quand il m'a dit : Je vous aime ! — Je vous aime !... — Et sa main serrait la mienne... Ah! c'est affreux !... Cela m'irrite de ne pas être plus en colère... Je ne lui ai pas répondu assez sévèrement... Il y avait dans son air et dans ses paroles un charme qui me fascinait... Que doit-il penser de moi? Et moi-même, à quoi pensé-je en ce moment?... J'éprouve une émotion inconnue qui m'effraye. Mes mains sont froides et mes joues brûlantes... Comme la soirée est belle et comme les fleurs sentent bon! Je sens mon cœur rempli d'une joie sourde... Ah! mon Dieu, et voilà que mes yeux sont pleins de larmes! *(Elle cache sa tête dans ses mains.)*

SCÈNE HUITIÈME

ALINE, puis ROGER.

(Le jour tombe peu à peu. — Roger entr'ouvre avec précaution la porte du fond et fait quelques pas dans le salon.)

ROGER, à part.

Je me suis fourvoyé dans toutes ces petites rues et je n'ai pu trouver ni le mail ni le vieux Monsieur Gilbert... Il se sera impatienté sans doute et sera rentré chez lui. *(Il aperçoit Aline.)* Ah!... Elle est encore là, toute pensive. Sa naïve conscience s'inquiète de la scène de tantôt, et la voilà désolée... Pauvre enfant ! J'ai été trop brusque avec elle et je lui dois une réparation... (*Il referme vivement la porte ; Aline relève la tête, et, reconnaissant Roger, recule tout effrayée.*)

ALINE

Quoi, monsieur, c'est encore vous ?

ROGER

Rassurez-vous, mademoiselle, je ne fais que passer. Je cherchais M. Gilbert, à cause d'une commission dont il m'a chargé... Mais puisque me voilà — encore, — laissez-moi vous dire combien je suis au désespoir de vous avoir offensée... Ces vieux murs ont sans doute un charme qui m'a ensorcelé...

ALINE

Ah ! monsieur, vos excuses redoublent ma confusion... C'est moi qui ai eu tort de vous permettre de parler... Tout à l'heure, je sentais bien que j'aurais dû vous arrêter, mais je n'osais pas.

ROGER

Je vous faisais donc peur ?

ALINE

Peur ?... Non... Mais votre air à la fois sévère et loyal m'avait imposé tout d'abord... Je me disais : rien de faux ni de mauvais ne peut venir de lui, et je vous écoutais.

ROGER

Vous aviez raison ! Si mon admiration s'est exprimée trop vivement, elle n'en est pas moins pénétrée d'un respect profond... croyez-le et ne me gardez pas rancune. (*Il fait mine de s'éloigner.*) Et maintenant je vais prendre congé de vous.

ALINE

Adieu, monsieur.

ROGER, sans bouger.

Bonsoir, mademoiselle. (*Ils restent en face l'un de l'autre, immobiles et silencieux.*)

ALINE, timidement.

Et cette commission dont vous étiez chargé par M. Gilbert ?...

ROGER

Je l'avais oubliée... Mais vous pouvez m'aider à réparer mon oubli. — Monsieur votre cousin, qui a un culte pour cette maison, se désespère à l'idée de la quitter... Je m'en suis aperçu tantôt et, non-seulement j'ai renoncé à l'acheter, mais je lui ai promis de vous engager à ne pas la vendre.

ALINE

Pauvre cousin !... Il peut se rassurer... Vous allez me croire fantasque... Maintenant il me semble que j'aurai moins de peine à m'habituer à la vieille maison.

ROGER

Vrai ?... Vous allez rendre M. Gilbert bien heureux.

SCÈNE NEUVIÈME

LES MÊMES, M. GILBERT, entrant, sans être vu, par la porte du jardin

M. GILBERT, à part.

J'étais sur les charbons et je suis rentré par la porte du

verger... Qu'est devenu ce jeune homme?... Ah! n'est-ce
point lui que j'aperçois avec Aline?

ALINE, pensive.

Je trouve à tout ce qui m'entoure un attrait dont je ne
m'étais pas doutée... La maison me paraît embellie et le
jardin rajeuni.

M. GILBERT, à part, émerveillé.

Que dit-elle?... Si je pouvais les écouter sans être vu.
(*Il se glisse avec précaution derrière le paravent.*)

ROGER, souriant, à Aline.

Et quelle bonne fée a opéré ce miracle ?

M. GILBERT, s'asseyant à l'abri du paravent. — A part.

Là, je serai à merveille pour tout entendre... Ah! mon
cœur palpite comme si j'avais vingt ans!

ROGER, à Aline.

Vous ne répondez pas.

ALINE, après un moment de silence.

C'est que je serais bien embarrassée de dire ce qui s'est
passé dans mon esprit...C'est encore si confus! Il me semble
qu'un monde mystérieux s'est éveillé en moi tout à
l'heure. Ce matin, je vivais indifférente au milieu de ces
vieilles choses silencieuses. Ce soir, elles ont pris soudain
une voix et je les ai remarquées ; maintenant je me dis :
voilà des tilleuls pleins d'ombre, voilà des fleurs qui embaument et des grillons qui chantent!... Je comprends
tout cela et je l'aime!

M. GILBERT, à part.

Comme je l'embrasserais de bon cœur !

ROGER, à part.

L'adorable enfant! (*Haut*) Et vous êtes bien sûre qu'avant ce soir, rien de ce qui est beau ici ne vous avait frappée?

ALINE

Oh! bien sûre!... Mais, à mesure que vous parliez, je pensais : — Il a raison, — et mes yeux s'ouvraient... (*Avec plus d'abandon*) J'ai peut-être tort de vous dire cela... mais je ne sais pas mentir.

ROGER, enthousiasmé.

Ah! parlez encore... Laissez votre cœur se répandre ; n'obéissez pas à ces fausses conventions mondaines qui commandent aux jeunes filles de ne jamais sentir ni parler ouvertement!... (*Il lui prend la main et la conduit vers la croisée.*) Voyez, à la lueur de la lune qui se lève, ces grands lis des plates-bandes... Ils ouvrent franchement leurs fleurs et laissent sans crainte leur parfum s'exhaler... Laissez de même votre jeunesse s'épanouir.

M. GILBERT, s'essuyant les yeux. — A part.

Brave garçon! tout ce qu'il dit me touche aux larmes.

ALINE, regardant le jardin.

Comme le clair de la lune embellit tout! Il a jeté un charme sur notre verger.

ROGER

Oui, le charme des choses anciennes... Sous leur poussière, elles gardent, comme des trésors, les souvenirs printaniers, légués par les couples amoureux qui ont vécu jadis au milieu d'elles... Ces printemps sommeillent enfouis,

mais que deux cœurs viennent à s'aimer de nouveau dans
la vieille maison, tout s'éveille et refleurit.

ALINE, étourdiment.

Comme ce soir !...

ROGER, lui saisissant les mains.

Ce soir ?... Je ne suis donc pas seul à aimer ici, et vous
ne me détestez plus ?... (*Aline, troublée et baissant les
yeux, demeure silencieuse.*) Chère enfant !... mon cœur
et ma vie vous appartiennent... Écoutez : je suis seul
au monde et j'ai assez de patrimoine pour y vivre indépendant... Dites un mot, et mon sort sera lié au vôtre
pour toujours.

ALINE

Ce mot... ce n'est plus moi, c'est ma mère qui doit le
prononcer... Que va-t-elle dire, quand elle saura mes
étourderies de ce soir ?

ROGER

Rassurez-vous, nous lui raconterons tout et nous par-
viendrons à l'apaiser... Je vous expliquerai mon plan de
conduite... J'ai mille choses à vous confier, je veux vous
ouvrir mon cœur et vous conter mon histoire... Venez ;
nous causerons plus à l'aise sous ces grands arbres et
parmi ces fleurs... Voyez comme les allées sont doucement éclairées !

(Il l'emmène vers la porte-fenêtre.)

ALINE, le suivant.

Mais... n'est-il pas bien tard pour cette promenade ?

ROGER, franchissant la porte-fenêtre.

Je vous en prie!... D'ailleurs, souvenez-vous que nous devions visiter le jardin...

(Ils disparaissent.)

SCÈNE DIXIÈME

M. GILBERT, seul, puis SIMONE.

M. GILBERT, (Il sort de sa cachette et paraît transporté de joie.)

Ah! chers enfants!... Je suis ivre de joie et de tendresse! C'est le ciel qui a envoyé ce jeune homme ici... Il m'a fait verser de douces larmes... Et Aline, quelle grâce, quelle ingénuité!...Pendant qu'elle parlait, il me semblait que le passé ressuscitait et je croyais entendre sa mère... Comme je l'ai aimée, moi aussi!... Quoi d'étonnant que ces murs soient imprégnés de tendresse et qu'ils mettent l'amour au cœur de ces jeunes gens?... J'y ai tant aimé, moi, qu'il en doit rester quelque chose dans l'air... (*Il marche à grands pas.*) Je me sens tout gaillard et tout heureux... Leurs paroles ont réchauffé mon sang, et ma jeunesse me remonte aux lèvres... Je crois entendre chanter tous les refrains de ma vingtième année...

(Il fredonne.)

A l'amour on résiste en vain,
Qui n'aima jamais aimera demain.

SIMONE, entrant par la gauche, une lanterne à la main, sans voir M. Gilbert.

Eh bien! où sont-ils, je vous le demande?... Voilà neuf heures sonnées à Saint-Mexme et personne n'est rentré!... (*Elle entend M. Gilbert.*) Ah! ah! vous chantez, monsieur Gilbert, il paraît que vous avez le cœur gai, ce soir, pendant que mon souper refroidit... Où est mademoiselle ?

M. GILBERT, se rapprochant de Simone, d'un air mystérieux.

Chut!... Elle est au jardin.

SIMONE

Au jardin, vraiment, par ce frais du soir!... Elle n'a donc point peur que la rosée lui mange le teint!... (*Appelant*) Mademoiselle!...

M. GILBERT, toujours mystérieux.

Chut!... (*Éclatant*) Ah ! Simone, je suis bien heureux, ce soir !

SIMONE

Vrai? Eh bien, qui l'aurait cru après ce que mademoiselle a dû vous dire ?... C'est affaire à vous, et vous digérez bravement la vente de cette pauvre maison du bon Dieu !

M. GILBERT

La vente!... Peuh! il s'agit bien de cela!... Il s'est passé de grandes choses depuis tantôt... Il nous est arrivé un brave jeune homme...

SIMONE

Pour donner contre-ordre?

M. GILBERT

Non, pour acheter la maison.

SIMONE

Je ne comprends plus...

M. GILBERT

Il venait pour la visiter... Mais j'étais là, moi ; j'étais là
avec Aline !... Il l'a vue, il l'a admirée, il l'adore !

SIMONE, ahurie.

Quoi?... La maison?

M. GILBERT, de plus en plus enthousiaste.

Eh ! non, Aline !... Il l'aime, ils s'aiment !... Ah ! j'ai
rondement mené l'affaire ! Ils n'étaient pas depuis une
heure ensemble qu'ils s'adoraient déjà !... Plus de maison
vendue, plus de départ, hymen, hyménée !... Tiens, ils
sont là, dans le jardin, qui font déjà leurs châteaux en
Espagne.

SIMONE, stupéfaite.

Vous les avez laissés tout seuls?

M. GILBERT, confus.

Je t'avoue qu'ils ne m'ont point demandé permission.

SIMONE

Vraiment !... Eh bien ! vous avez fait de belle besogne !...
Bonnes gens, que va dire madame des Aulnois?

M. GILBERT

Rassure-toi, c'est un honnête et brave garçon, le cœur
sur la main, un air de gentilhomme... Et, entre nous, au
point de vue positif même, c'est un excellent parti ; je ne
serais point surpris qu'il fût très-riche...

SIMONE, impatientée.

Mais, malheureux homme, fût-il beau comme un prince
et riche comme le Pérou, on n'en voudra point, de votre

parti!... Il arrive trop tard, et mademoiselle est déjà promise à un autre.

M. GILBERT, atterré.

Promise?

SIMONE

Oui, madame a arrangé ce mariage-là à Paris... L'affaire est conclue, le jeune homme s'appelle M. de la
Brunie; il est venu nous visiter là-bas et je l'ai vu de mes
propres yeux, moi, Simone!... — Il est même très-bien.
— Ah! vous en avez fait de belles et vous allez mettre
madame dans une fameuse colère!

M. GILBERT, se laissant choir sur une chaise.

Promise!... Simone, je suis perdu... Je n'oserai plus
reparaître devant madame des Aulnois... Où ai-je eu
l'esprit, mon Dieu?... Promise!... Ah! ma vieille maison,
c'est pour le coup qu'il faut te dire adieu!... Et ces pauvres
enfants qui s'aiment et ne se doutent de rien!.. Que
faire? Que devenir?...

SIMONE

Que faire? Belle demande!... Pardine, il faut rappeler
ces jeunes gens, et dare dare!

(Elle va vers le jardin.)

M. GILBERT

Oui, tu as raison... Mais attends-moi, je vais chercher
de la lumière. — Ah! mes beaux rêves, quel écroulement!

(Il prend un candélabre sur une console et allume les bougies à la lanterne
de Simone. La scène s'éclaire peu à peu.)

SIMONE, le rudoyant.

Allons, vite !... Qu'avons-nous besoin de tant de lumière ?... Il y en aura toujours assez pour éclairer votre chef-d'œuvre !

M. GILBERT

Ménage-moi, Simone : j'ai eu tort, j'en conviens, mais qui pouvait prévoir ?... Je croyais agir pour le mieux, et en même temps sauver ma chère maison... J'ai été égoïste, que veux-tu ? A mon âge, l'esprit se rétrécit... Pauvres enfants !... Ah ! mon Dieu, les voici qui reviennent, Simone !

SCÈNE ONZIÈME

LES MÊMES, ALINE, ROGER.

(Simone et M. Gilbert à gauche, près du paravent, observent les deux jeunes gens, qui sont encore dans l'ombre, et qui entrent lentement en causant.)

ALINE

J'admire notre conversation à bâtons rompus... Nous avons parlé de cent choses, excepté du point important, et je n'ai point encore compris comment nous expliquerons tout ceci à ma mère...

SIMONE, s'avançant brusquement.

Un instant ! (*Mouvement d'Aline et de Roger. Simone dirige sa lanterne vers les deux jeunes gens et pousse un cri en apercevant Roger*) Ah ! bonnes gens, mais c'est lui !

M. GILBERT, d'une voix mal assurée.

Lui !... Qui ?...

SIMONE, à M. Gilbert.

Monsieur de la Brunie, le promis de mademoiselle !

ALINE

Que dit-elle ?

M. GILBERT

Comment ! monsieur est la personne qui ?.. Ah ! Dieu,
jeune homme, quelles émotions vous me donnez depuis
une heure ! Vous m'aviez dit que vous vous nommiez
Roger !

ROGER

Roger de la Brunie... (*A Aline*) Et voilà justement
l'explication que j'allais vous donner, quand Simone
m'a interrompu. — Madame des Aulnois, à qui j'avais
été présenté, a bien voulu croire que je ferais un gendre
convenable... Mais je suis un peu... bizarre : j'ai désiré
tout d'abord connaître la jeune fille dont on me parlait,
et ne devoir sa main qu'à elle-même. J'en ai dit un mot
à mon notaire qui m'a traité d'original, à madame des
Aulnois qui a souri ; et, saisissant ce prétexte de maison
à vendre, je suis arrivé juste à propos pour consoler Monsieur Gilbert et plaider la cause des vieux logis près de
mademoiselle Aline. (*A Aline*) Ai-je réussi ? (*Il tend la
main à Aline, qui lui donne la sienne.*)

ALINE, à M. Gilbert.

J'aime la maison !... Nous ne la vendrons jamais !

SIMONE, battant des mains.

Ah ! tant mieux... C'est mes bêtes qui vont être con-
tentes demain matin !

M. GILBERT, baisant Aline an front.

Eh bien ! mignonne, les antiquités ont du bon...
Vois-tu, rien ne vaut un vieil arbre pour y faire un nid,
— demande aux oiseaux ! — ni une vieille maison pour
y aimer, — demande à Roger !

Le rideau tombe.

UNE SÉRÉNADE

Scène-proverbe avec chants et tableaux

Par M. LE COMTE W. SOLLOHUB

PERSONNAGES

MERCÉDÈS, jeune veuve.
JUANITA, sa sœur.

UNE SÉRÉNADE

Le décor représente une chambre moresque avec une fe-
nêtre au fond. Devant la fenêtre un grand fauteuil. Sur
les côtés deux tables et deux fauteuils.

SCÈNE PREMIÈRE

JUANITA, entrant par la droite. Elle ouvre la fenêtre, puis s'approche
de la rampe.

C'est vraiment singulier ! Voilà quelques jours qu'un
jeune homme vient chanter le soir sous cette fenêtre.
C'est l'usage à Grenade. Ce serait très naturel. Mais tous
les soirs... tous les soirs. C'est de la constance. Je suis
troublée. Je suis émue. Qui est-il ? Que veut-il ? La
sérénade va commencer. Je m'en vais vite prendre la
bonne place, pour mieux entendre et tâcher de voir.
(Elle s'assied dans le fauteuil.)

SCÈNE DEUXIÈME

MERCÉDÈS, entrant par la gauche.

C'est vraiment singulier. Voilà quelques jours qu'un
jeune homme vient chanter le soir sous cette fenêtre.
C'est l'usage chez nous. Ce ne serait donc rien. Mais
tous les soirs... tous les soirs... C'est une déclaration... un

mariage peut-être. Je suis troublée. Je m'en vais m'asseoir à la bonne place... Bon ! voilà cette petite intrigante
de Juanita, qui s'est déjà emparée du fauteuil. — Juanita !
Que fais-tu là ?

JUANITA

Moi... rien. Je respire la fraîcheur du soir. Ah ! oui,
j'attends un commissionnaire. Tu sais : un commissionnaire passe ; on lui fait : pst ! pst ! venez un peu par ici,
commissionnaire ; portez ce billet à mon confesseur, le
père Bonaventure. Il prend le billet. C'est très-commode.

MERCÉDÈS, à part.

Elle se moque de moi. Attends un peu. (*Haut.*) Eh !
bien, c'est joli ! ce que tu as fait là. — Tu as ouvert la
fenêtre et la chambre est pleine de moustiques. Ah !
mon Dieu !... j'en ai déjà dans le dos. — Regarde
vite, Juanita. Là... là. (*Juanita se lève.*) Ah ! cela me
porte sur les nerfs. — Là... sur la nuque. Plus haut, plus
bas... Ah ! je me sens mal !...(*Elle prend précipitamment
la place de Juanita.*) Merci... cela va mieux !...

JUANITA, à part.

Et moi, qui n'avais pas compris. Attends. — (*Haut.*)
Dis donc : est-ce que tu n'as pas laissé la bougie
allumée dans ta chambre, près du rideau de mousseline ?
Il y a quelque chose qui brûle... Je sens une odeur de
fumée !...

MERCÉDÈS

Un incendie ! Ce que je crains le plus au monde. (*Elle
se lève précipitamment. Juanita prend aussitôt sa place.*)
Ah ! c'est comme cela !

JUANITA

Oui ! c'est comme cela ! nous sommes quittes.

MERCÉDÈS

Écoute, Juanita... trêve d'enfantillages.... Je dois t'avouer la vérité. Il y va de mon sort.

JUANITA

Tant que ça. Eh bien, tant mieux. Seulement, je ne bouge pas d'ici.

MERCÉDÈS

C'est toute une histoire, ou plutôt un roman... Il s'agit d'amour.

JUANITA, quittant sa place et descendant vers sa sœur.

D'amour... J'écoute.

MERCÉDÈS

Je crois que je vais me remarier.

JUANITA

Comment ? Tu n'es plus contente d'être veuve ?

MERCÉDÈS

Si ! Mais le cœur fait toujours faire des folies. Depuis huit jours, un inconnu me poursuit.

JUANITA

Mais, c'est mon histoire que tu me racontes là. C'est moi, qu'un inconnu poursuit depuis huit jours.

MERCÉDÈS

Tous les soirs, il chante une sérénade sous ma fenêtre.

JUANITA

Non, sous *ma* fenêtre.

MERCÉDÈS

Je suis la maîtresse de la maison. C'est sous *ma* fenêtre.

JUANITA

Je suis la demoiselle à marier. Je ne suis pas veuve, moi. C'est donc, sous *ma* fenêtre.

MERCÉDÈS

Eh bien !... disons sous notre fenêtre. Qu'est-ce que cela prouve? La sérénade est pour moi.

JUANITA

Non... Elle est pour moi.

MERCÉDÈS

Est-elle têtue, cette petite fille !...

JUANITA

Est-elle opiniâtre... cette vieille femme !... Chut !...

(Prélude dans l'orchestre.)

MERCÉDÈS

Souffle vite la bougie... pour qu'on ne nous voie pas du dehors.

(Juanita souffle la bougie.)

JUANITA

Et le fauteuil... nous le partagerons ?...

MERCÉDÈS

Oui ! oui... mais tais-toi, seulement.

(La scène est obscure. Les deux sœurs se groupent auprès de la fenêtre et restent immobiles, formant un tableau éclairé par un rayon de lune. — Une voix d'homme chante derrière la fenêtre.)

SÉRÉNADE

1

La nuit a jeté sur Grenade
    Son voile noir;
Je viens chanter ma sérénade
    De chaque soir.
Écoute bien à ta fenêtre
    Mon cœur, mon chant!
Qui sait? Tu souriras peut-être
    En te cachant.

2

Et tu te diras, ma cruelle,
    Il a raison
D'aimer ainsi. La nuit est belle
    A l'horizon!
Les fleurs embaument la nature,
    Et tout autour
J'entends s'exhaler un murmure
    D'ardent amour.

3

Et puis de Grenade à Séville
    (Pays heureux),
Jamais on n'a vu jeune fille
    Sans amoureux;
Jamais personne ne s'avise
    De les blâmer.
Aussi vais-je faire à leur guise,
    Je vais aimer!

MERCÉDÈS

Eh bien !...

JUANITA

Eh bien!...

MERCÉDÈS

C'est clair cela?...

JUANITA

Parfaitement clair. Crois-tu que je doive écrire à mon
oncle?

MERCÉDÈS

Moi, je ne dépends que de moi-même. — Sais-tu,
Juanita, que tu es parfaitement ridicule ?

JUANITA

Tu dis cela, parce que la vanité t'a troublé l'esprit.

MERCÉDÈS

Eh bien, apprends que ce jeune homme, je le connais.
Je l'ai vu, comme je te vois.

JUANITA

Il t'a parlé?

MERCÉDÈS

Non... mais il m'a saluée. Hier, je me suis un peu
promenée dans la cour, par hasard. Il était à la grille...
et il m'a saluée. Tu ne comprends pas encore ces choses-
là... Mais, quand un homme vous salue, on voit tout de
suite s'il vous aime. Un homme indifférent salue bêtement.

Un coup de chapeau bien sec et puis, bonsoir. Mais un homme qui aime ! c'est bien autre chose. Sa main tremble. Son chapeau tombe par terre. Il a des yeux énormes. Il regarde avec anxiété, avec supplication, comme s'il venait d'assassiner quelqu'un et qu'il implorât sa grâce. Ah, mon enfant, quand un homme salue ainsi, il est bien difficile, vois-tu, de garder son sang-froid.

JUANITA

Et c'est tout ?

MERCÉDÈS

Sans doute !...

JUANITA

Eh bien, je suis plus avancée que toi. — Non seulement il m'a saluée... mais il m'a parlé.

MERCÉDÈS

Il t'a parlé...

JUANITA

Oui... N'est-ce pas qu'il est beau ?

MERCÉDÈS

Pas trop pourtant... Et qu'est-ce qu'il t'a dit ?

JUANITA

Oh ! il est superbe. — Voilà ! J'étais aussi à me promener autour de la maison, par hasard, et il s'est trouvé à côté de moi, et il m'a dit, en tenant son chapeau à la main, avec son admirable organe : pourriez-vous m'indiquer, senorita, où les locataires ont le droit de garder leur bois de chauffage? Il fait bien froid, cette année.

MERCÉDÈS

Et qu'as-tu répondu?...

JUANITA

Moi, je n'ai rien répondu. J'ai eu tellement peur, que je me suis enfuie. Quand un homme parle comme cela, c'est qu'il n'a plus sa tête...

MERCÉDÈS

Mais c'est parce qu'il pensait à moi.

JUANITA

Comment! encore!...

MERCÉDÈS

Certainement...

JUANITA

C'est trop fort, à la fin !

MERCÉDÈS

C'est intolérable! Une petite fille qui épèle à peine ses lettres et qui se figure qu'elle allume des passions!

JUANITA

Une veuve éplorée, qui ne songe qu'à chasser de son cœur le souvenir, pour y ramener l'espérance...

MERCÉDÈS

Mademoiselle!

JUANITA

Eh bien, quoi... madame?...

MERCÉDÈS

Je vais écrire à mon oncle de vous reprendre chez lui.

JUANITA

Je compte bien y retourner de moi-même... et avec mon mari... encore.

MERCÉDÈS

Pas avec celui-là, au moins.

JUANITA

Je vous demande pardon... avec celui-là.

MERCÉDÈS

Jamais.

JUANITA

Bientôt.

MERCÉDÈS

Non... non... non !...

JUANITA

Oui... oui... oui !...

TOUTES LES DEUX, à la fois.

Il n'y a plus moyen de vivre avec un caractère semblable. Il faut se séparer demain... aujourd'hui... tout de suite. Méchante, envieuse, jalouse ! Je le tuerai plutôt que de te voir à lui. Je suis d'une colère ! Tu vas voir ! (*Préludes dans l'orchestre.*) Ah ! le voilà qui recommence.

LA VOIX D'HOMME

RÉCITATIF

Eh quoi? toujours pas de réponse!
Cruelle ingrate que j'aimais,
Eh bien! c'est fini, j'y renonce;
Adieu! je la quitte à jamais.

(Les deux sœurs se précipitent vers leurs tables, y prennent des fleurs et les jettent par la fenêtre.)

LA VOIX D'HOMME, continuant.

Vous comprendrez un jour sans doute
L'amour qu'à présent vous perdez!..

MERCÉDÈS

Eh bien! Il n'est pas content. Il continue...

JUANITA

C'est étrange.—

LA VOIX D'HOMME

Adieu! je vais me mettre en route.
Adieu! je vais fuir.

VOIX DE FEMME, dans la coulisse.

Attendez!

MERCÉDÈS

Il y en avait une troisième.

JUANITA

Ni pour elle... ni pour moi.

LA VOIX DE FEMME

RÉCITATIF

La femme se tait quand elle aime,
Et chasse l'importun d'un ton plein de mépris,

Mais l'homme de son choix lui cause un trouble extrême ;
C'est qu'elle a vu son maître et que son cœur est pris.

SÉGUÉDILLE

Je vous aime et vous admire
Mon illustre Don Ramire,
Et cela depuis longtemps...
Dans mes longs jours d'esclavage
Je ne vois que votre image ;
Tous les soirs, je vous attends.
Mais ce long ennui d'attente
Me fatigue et me tourmente,
Que vraiment c'est un martyr.
Or la tante, qui m'obsède,
Pour sa terre de Tolède
Demain soir devra partir.
Je serai dans ma demeure
Toute seule juste à l'heure,
Où je vous entends chanter,
Et (que la sainte madone
Dans sa gloire me pardonne)
Vous pourrez alors monter.

DUO

Bonheur du ciel ! oh ! joie immense !
Le sort enfin nous réunit.
Pour nous c'est le jour qui commence,
C'est la nuit sombre qui finit.
Un feu divin m'embrase,
Il vient du fond du cœur.
C'est l'extase (ter)
Du bonheur (1).

____

(1) Si l'on voulait faire à cette saynète l'honneur de la jouer sur un
théâtre de société, on pourrait lui donner un mérite réel en priant un

(Les deux sœurs sont restées immobiles dans l'attitude de l'affliction. Tableau. Deux poses. — Pendant le duo, elles descendent la scène en riant et se moquant l'une de l'autre.)

MERCÉDÈS

Ma chère enfant, je te plains de tout mon cœur. Sois raisonnable. J'ai fait tout ce que j'ai pu pour te guérir de ta folie.

JUANITA

Mais c'est toi, qui as besoin de consolation, ma pauvre sœur !... A moi, cela m'est bien égal.

MERCÉDÈS

Ah ! mon Dieu !... mais j'avais oublié que le rez-de-chaussée de la maison était loué depuis huit jours à un chanteur marié à une chanteuse. Ce que nous avons pris pour une sérénade à notre adresse n'était autre chose que des répétitions d'artistes ; c'est la sérénade de l'opéra-comique, qu'on va donner au théâtre de la ville.

JUANITA

Moi, je sais ce que je vais faire. (*Elle allume la bougie.*) Je vais écrire à mon oncle que je consens à épouser don Gusman Fernandes Alfonso di Fuentes di Calatrava di Biscaya Montefiore-Sarragossa San Christovalo, mon cousin. (*Elle s'assied à la table et écrit.*)

MERCÉDÈS

Et moi, je vais écrire à l'ami de feu mon mari... le chevalier José du Brésil, que je consens enfin à devenir

---

compositeur de talent d'écrire la musique de mes paroles. (Obs. de l'auteur.)

sa femme. (*Elle écrit. Accords dans l'orchestre.*) Dis donc,
les voilà qui recommencent !...

JUANITA

Cela m'est bien égal, puisque j'épouse don Gusman
Fernandes Alph...

MERCÉDÈS

Assez... Je connais le reste. C'est pourtant vrai, qu'il ne
faut jamais compter sans son hôte.

(Les chanteurs reprennent la coda du duo. Les sœurs écrivent à leurs
tables.)

La toile tombe.

LES

CONVICTIONS DE PAPA

COMÉDIE EN UN ACTE

Par M. Edmond GONDINET

PERSONNAGES

FLAVIGNAC.
GRENOUX.
ALCIDE.
MARTHE.

De nos jours, à Versailles.

Nota. — Les indications sont prises de la gauche du public.
— Les changements de position sont indiqués par des renvois
au bas des pages.

LES
CONVICTIONS DE PAPA

Un petit salon chez Flavignac. — Porte au fond. — Portes dans les pans coupés. — A gauche, premier plan, une cheminée. — Devant la cheminée, une table avec tout ce qu'il faut pour écrire. — A droite, premier plan, une console, avec cave à liqueurs, carafe, verres et sucrier. — A droite, en avant, un petit guéridon. — Fauteuils, chaises, etc.

SCÈNE PREMIÈRE

MARTHE, ALCIDE.

Marthe, assise à la table de gauche, inscrit des noms sur des cartes d'invitation à dîner. Alcide entre par le fond.

MARTHE, sans se retourner et avec une nuance d'impatience. *

Je vous répète, monsieur, que nous avons nos fournisseurs à Bordeaux, et, d'ailleurs, mon père ne sait pas s'il se fixera définitivement à Versailles ou si nous habiterons Paris. (*Pendant qu'elle parle en arrangeant ses cartes, Alcide avance et finit par se trouver devant elle.*) Monsieur Chamboret !

(Elle se lève.)

* Marthe, Alcide.

ALCIDE

Oui, mademoiselle.

MARTHE

Je parlais tout à l'heure à un commis-voyageur.

ALCIDE

Il est sorti en laissant la porte ouverte, et j'ai pris sa place.

MARTHE

Vous osez vous présenter chez mon père !

ALCIDE

Je sais qu'il est à la Chambre.

MARTHE

Supposiez-vous que je vous recevrais en son absence?

ALCIDE

Non, mademoiselle; voilà pourquoi je suis entré sans me faire annoncer.

MARTHE

Cette audace vous a permis de forcer ma porte; mais ne croyez pas que vous m'obligerez à vous entendre.
(Elle veut se retirer.)

ALCIDE

Ah! mademoiselle Marthe, vous ne m'avez jamais aimé !

MARTHE

Si, monsieur, si ; je vous ai aimé, et je me le reproche.

ALCIDE

Si vous saviez comme je maudis la politique et ceux qui l'ont inventée!

MARTHE

Je vous prie de ne pas tenir un pareil langage devant la fille d'un député.

ALCIDE

Je ne veux blesser personne ; mais enfin, sans ces abominables élections...

MARTHE

Monsieur!

ALCIDE

Je retire le mot. Sans les élections, vous seriez ma femme.

MARTHE

Oui, monsieur.

ALCIDE

J'ai su que M. Flavignac m'avait agréé.

MARTHE

Sans vous connaître. Je lui avais raconté que vous veniez souvent chez ma grand'mère, qu'elle faisait beaucoup votre éloge.

ALCIDE

Excellente femme!

MARTHE

Que vous m'aviez paru aimable.

ALCIDE

Ah ! mademoiselle !

MARTHE

Que vous me plaisiez.

ALCIDE

Oh ! mademoiselle !

MARTHE

Papa ne demandait plus qu'à vous voir ; je l'avais décidé à aller chez grand'maman, qu'il n'aime pas. Tout
était convenu. Nous allions partir, lorsque, en ouvrant
son journal, il apprend que monsieur votre père se porte
à la députation.

ALCIDE

Ce n'est pas ma faute.

MARTHE

Contre nous !

ALCIDE

Mon père a eu tort, puisqu'il a échoué ; le vôtre a eu
raison, puisqu'il a réussi ; j'espérais que le triomphe vous
rendrait indulgente.

MARTHE

Puis-je oublier que vos partisans nous ont couverts
d'injures ?

ALCIDE

Les vôtres nous les ont bien rendues !

MARTHE

D'ailleurs, la différence de nos opinions politiques
creuse un abîme entre nous !

ALCIDE

Ne dites pas cela, mademoiselle Marthe.

MARTHE

Si, monsieur, je le dirai.

ALCIDE

Je vous jure d'abord que, moi, je n'ai aucune opinion,
aucune.

MARTHE

Vous l'avouez?

ALCIDE

Sans rougir. Je sais que votre père est le meilleur des
hommes ; je connais le mien, qui est excellent ; et cependant l'un pense à dia et l'autre à hurhau. Comment
voulez-vous que je m'y reconnaisse, en admettant qu'ils
sachent bien eux-mêmes ce qu'ils pensent?

MARTHE

Je vous prie, monsieur, de respecter les convictions de
papa.

ALCIDE

Je les respecte, mademoiselle, et je ferai plus, si vous
l'exigez : je les partagerai.

MARTHE

Vous renonceriez à vos idées?

ALCIDE

Je n'en ai qu'une : celle de vous plaire.

MARTHE

Il ne s'agit pas de cela. Vous voteriez contre votre parti?

ALCIDE

Je voterais contre moi-même pour vous être agréable.

MARTHE

C'est un bon sentiment, et je ne demanderais qu'à vous pardonner, moi; mais papa...

ALCIDE

Il est toujours mécontent?

MARTHE

Oh! s'il vous trouvait ici, je ne sais ce qui se passerait.

ALCIDE

Ne parviendrai-je jamais à le fléchir?

MARTHE

Jamais! C'est moi qui peut-être, avec le temps, en lui prouvant qu'il vous a converti à ses principes...

ALCIDE

Ses principes? Vite! vite! quels sont exactement ses principes?

MARTHE

Vous n'avez donc pas lu ses professions de foi?

ALCIDE

Si! oh! si! mais je ne les ai pas comprises.

MARTHE

Comment?

ALCIDE

J'aurai mal lu... Elles étaient affichées très-haut. Quelle est la nuance politique de M. Flavignac?

MARTHE

Tout le monde vous le dira.

ALCIDE

J'aime mieux que ce soit vous.

MARTHE

Il appartient au groupe Fléchinelle.

ALCIDE

Le groupe Fléchinelle! Je vais étudier le groupe Fléchinelle. Et, avant une heure, je penserai comme le groupe Fléchinelle. Qui pourra me renseigner sur le groupe Fléchinelle?

MARTHE

Les comptes rendus de la Chambre.

ALCIDE

Je vais dans un cabinet de lecture. Mais ne pourriez-vous pas, mademoiselle Marthe, me donner quelques indications?

MARTHE

Vous voyez que je suis très-occupée : j'ai à terminer ces invitations, nous donnons un grand dîner à nos coreligionnaires politiques.

ALCIDE

J'aurais encore, moi, beaucoup de choses à vous dire.

MARTHE

Plus tard, monsieur, quand vous serez des nôtres.

ALCIDE

Dans un quart d'heure alors; je ne demande qu'un quart d'heure.

(Il sort par le fond.)

MARTHE, seule, reprenant sa place.

Si papa apprenait que je reçois ses ennemis politiques pendant qu'il est bien tranquillement à la Chambre!... J'aurais beau lui dire que c'est dans l'intérêt de notre cause, il ne me le pardonnerait pas... Mais je suis en retard. « M. Flavignac, député, a l'honneur de prier monsieur... » Où est donc ma liste? — Alcide m'a troublée... ce serait un si bon mari... s'il avait nos opinions politiques. Qu'ai-je fait de ma liste? La voici; réparons le temps perdu. (*Flavignac paraît à la porte du fond.*) Papa!

SCÈNE DEUXIÈME

MARTHE, FLAVIGNAC, puis ALCIDE.

FLAVIGNAC, entrant vivement *.

Les invitations sont-elles parties?

MARTHE, se levant.

Non, mon père, pas encore.

FLAVIGNAC

J'arrive assez tôt! (*Tombant sur un fauteuil*) Donne moi un verre d'eau sucrée.

* Marthe, Flavignac.

MARTHE, allant préparer le verre. *

Vous venez de prononcer un discours ?

FLAVIGNAC, se levant.

Mais non, ma fille, non ; je ne fais pas de discours, moi.
Je ne sais pas pourquoi l'on s'imagine que les députés
doivent faire des discours. Les vrais députés ne sont pas
ceux qui parlent, ce sont ceux qui pensent.

(Il boit.)

MARTHE

C'est que vous paraissez très-ému !

FLAVIGNAC

Je me suis ému dans les couloirs ; nous sommes à la
veille d'une crise.

MARTHE

On va renverser le ministère ?

FLAVIGNAC

Je l'espère.

MARTHE

Vous le souteniez.

FLAVIGNAC

Oui, oui, on soutient un ministre tant que ça ne l'em-
pêche pas de tomber ; mais le jour où ça l'empêcherait de
tomber, on le lâche. Il tombe, et on a la chance de le
remplacer.

MARTHE

Vous pensez ?...

* Flavignac, Marthe.

FLAVIGNAC, rendant le verre.

Je ne parle pas de moi ; je n'ai pas l'outrecuidance de parler de moi, bien que cependant... les autres ne se gênent pas... Je ne parle pas de moi, je parle de mes amis.

MARTHE

On prendra le ministère dans le groupe Fléchinelle ?

FLAVIGNAC

J'espère bien que non.

MARTHE

Mais puisque c'est votre groupe !

FLAVIGNAC

C'était mon groupe la semaine dernière, mais maintenant j'appartiens au groupe Lalubize.

MARTHE

Ah !

FLAVIGNAC

Le groupe Fléchinelle s'est trop accentué.

MARTHE

Ah !

FLAVIGNAC

On sait d'avance comment il votera ; il n'y a plus d'imprévu.

MARTHE

Tandis que le groupe Lalubize... ?

FLAVIGNAC

Ne se laisse diriger que par sa conscience.

MARTHE

Ah!

FLAVIGNAC

Sa conscience du moment. L'avenir est là. Jette au feu
ces invitations.

MARTHE *

Les Fléchinelle?

FLAVIGNAC

Voici une nouvelle liste... Non, ce n'est pas cela, c'est
une lettre de Camérolles.

MARTHE

Celui qui a fait votre élection?

FLAVIGNAC

Il prétend que je lui ai promis de faire donner un
bureau de tabac à sa nièce, si j'étais nommé. Est-ce que
tu te rappelles cela, toi?

MARTHE

Oui, papa, vous le lui disiez tous les matins.

FLAVIGNAC

Alors, je lui répondrai que je ne l'ai pas oublié. Il a été
très-dévoué pour moi, ce Camérolles... oui, il a été dévoué..., mais je peux bien dire, à présent, que c'était
inutile ; j'ai été porté par le vœu des populations.

* Marthe, Flavignac.

MARTHE

Oh! oui, papa; mais si vous ne voulez rien faire pour ce bon monsieur Camérolles, pourquoi hébergez-vous depuis trois semaines le père Grenoux?

FLAVIGNAC

C'est bien différent. Camérolles m'est dévoué, je n'en peux pas douter, tandis que le père Grenoux...

MARTHE

N'est dévoué qu'à ses intérêts.

FLAVIGNAC

Il est maire dans mon arrondissement, électeur influent.

MARTHE

Il est chez vous comme chez lui.

FLAVIGNAC

Cela sera d'un bon effet dans le pays, et puis je ne supposais pas qu'il venait s'installer à Versailles pour un procès interminable.

MARTHE

Qu'il vous raconte tous les matins.

FLAVIGNAC

Ça m'intéresse.

MARTHE

Oh! papa, quand vous pouvez l'éviter...

FLAVIGNAC

Je lui dispute un temps que je dois à mon pays.

MARTHE

Et le père Grenoux, lui, espère gagner son procès en usant de votre influence.

FLAVIGNAC

Il reconnaît que j'ai de l'influence ; il le dira ; c'est excellent. Voici la nouvelle liste ; recommence les invitations. Je vais passer ma redingote, le groupe Lalubize n'admet pas la jaquette.

MARTHE

Il a bien raison.

(Flavignac sort à droite, pan coupé.)

ALCIDE, paraissant au fond avec une collection de journaux. *

Je suis fixé.

MARTHE, effrayée.

Ah !

ALCIDE

J'ai lu la collection.

MARTHE

Papa est ici.

ALCIDE

Ah !

MARTHE

Mais il va repartir.

ALCIDE

Et alors?...

* Marthe, Alcide.

MARTHE

Prenez garde qu'il ne vous rencontre dans l'escalier.

ALCIDE

Il ne me connaît pas.

MARTHE

C'est égal.

ALCIDE

Je monte à l'étage supérieur.

(Il disparait.)

FLAVIGNAC, revenant *.

* Là ! ma tenue est plus correcte.

MARTHE

Vous êtes très-bien, papa. Retournez vite à votre banc. Savez-vous qu'on vous reproche de ne pas être assez souvent à la Chambre ?

FLAVIGNAC

Qui a dit cela ?

MARTHE

Je l'ai lu dans un journal.

FLAVIGNAC

C'est absurde. Je ne suis pas dans la Chambre où on fait les lois, mais je suis dans les couloirs où se font les ministres ; et ce qu'il nous faut, ce ne sont pas de bonnes lois, on en a de reste, ce sont de bons ministres. Faites-nous de bons ministres et toutes les lois seront bonnes. Je vais m'entendre avec mon groupe.

(Il sort par le fond.)

Marthe, Flavignac.

SCÈNE TROISIÈME

MARTHE, puis ALCIDE.

MARTHE

Heureusement qu'il n'a jamais vu Alcide, mais s'il trouvait un jeune homme avec moi !...

ALCIDE, revenant par le fond *.

Je l'ai vu sortir. (A *Marthe*) Je suis fixé.

MARTHE

Déjà?

ALCIDE

Je connais le groupe Fléchinelle depuis A jusqu'à Z.

MARTHE

Ah!

ALCIDE

Et je partage absolument ses idées. Nous demandons respectueusement une impulsion plus vive...

MARTHE

Ce n'est plus cela.

ALCIDE

Comment, ce n'est plus cela?

MARTHE

Nous ne sommes plus du groupe Fléchinelle.

* Alcide, Marthe.

ALCIDE

Ah! bah!

MARTHE

Nous le trouvons trop accentué.

ALCIDE

Sapristi !

MARTHE

Vous dites?

ALCIDE

Je dis : vous êtes sévère.

MARTHE

Nous appartenons au groupe Lalubize.

ALCIDE

Un autre? Quelle est la coûleur de celui-ci?

MARTHE

Il vote selon sa conscience.

ALCIDE

Très-bien cela!

MARTHE

Sa conscience du moment.

ALCIDE

Ah! ah !

MARTHE

Quand vous saurez ce que pense le groupe Lalubize, vous connaîtrez les convictions de papa.

ALCIDE

Je n'y arriverai pas tout de suite.

MARTHE

Cela vous regarde.

ALCIDE

Mais j'y arriverai... Je vais relire ma collection.
(Il reprend ses journaux, qu'il avait déposés sur la table.)

MARTHE

A la bonne heure !

ALCIDE

Permettez-moi seulement de la relire près de vous.

MARTHE

Non, monsieur, non.

ALCIDE

On ne trouve pas à s'asseoir dans le cabinet de lecture :
il paraît que les nouvelles sont intéressantes.

MARTHE

Je crois bien ! Alors asseyez-vous dans le cabinet de
travail de papa, il n'y entre jamais.

ALCIDE

Merci, oh ! merci !

MARTHE

Allez vite.

ALCIDE

Mademoiselle Marthe ?

MARTHE

Monsieur Alcide?

ALCIDE

Avez-vous remarqué que jusqu'à présent nous n'avons fait que parler politique?

MARTHE

De quoi voudriez-vous donc causer?

ALCIDE

Oh! mademoiselle!

MARTHE

Monsieur Alcide, vous ne serez jamais un homme sérieux.

ALCIDE

Ne croyez pas cela, mademoiselle; c'est moi qui suis sérieux, et ce sont les autres...

MARTHE

Voulez-vous faire allusion à papa?

ALCIDE

Oh! mademoiselle! Oh! moi qui vais dans un instant partager ses convictions! Je ne vous demande qu'un quart d'heure.

(Il entre dans le cabinet, pan coupé de gauche, en emportant tous ses journaux.)

MARTHE, se remettant à ses invitations.

Il fait ce qu'il peut. (*Elle se retourne et voit Flavignac qui revient plus effaré encore que la première fois*) Ah!

SCÈNE QUATRIÈME

MARTHE, FLAVIGNAC, puis ALCIDE.

FLAVIGNAC *

Ne continue pas les invitations.

MARTHE, se levant.

Ah !

FAVIGNAC, tombant sur un fauteuil.

Et donne-moi un verre d'eau sucrée.

MARTHE, allant préparer l'eau sucrée **.

Oh ! mon Dieu, papa, vous avez les traits bouleversés.

FLAVIGNAC

C'est bien possible.

MARTHE

Vous tomberez malade.

FLAVIGNAC

Je le suis. (*Se levant*) Ceux qui s'imaginent que les fonctions de député sont une sinécure se trompent.

MARTHE

Que se passe-t-il ?

FLAVIGNAC, rendant le verre.

La crise a éclaté.

* Marthe, Flavignac.
** Flavignac, Marthe.

MARTHE

On forme un nouveau ministère?

FLAVIGNAC

Oui.

MARTHE

De quel côté?

FLAVIGNAC

De tous les côtés.

MARTHE

On ne prend personne dans le groupe Lalubize?

FLAVIGNAC

Si, si, on y prend un ministre.

MARTHE

Alors, vous êtes content?

FLAVIGNAC

Moi? pourquoi serais-je content?

MARTHE

Puisque c'est votre groupe !

FLAVIGNAC

Je me moque bien qu'on prenne un ministre dans mon groupe, si ce n'est pas m... si ce n'est pas celui que j'aurais désigné! D'ailleurs, je n'appartiens plus au groupe Lalubize.

MARTHE

Ah!

FLAVIGNAC

Je forme le groupe Flavignac.

MARTHE

Vous fondez une réunion?

FLAVIGNAC

Où je serai seul.

MARTHE

Seul?

FLAVIGNAC

Quand on voudra y choisir un ministre, on sera bien forcé de me... consulter. Ah! si on m'avait consulté! Je leur dis toujours, moi : Ne vous préoccupez pas de la nuance. (*Se frappant la poitrine*) Prenez un homme distingué, prenez un homme supérieur. Et on prend Fléchinelle! Je ne veux rien dire des nouveaux candidats, dont je m'honore d'être l'ami, mais ce sont des imbéciles.

MARTHE

Quel dommage!

FLAVIGNAC

Et je les attends à l'œuvre.

MARTHE

Vous voterez contre eux?

FLAVIGNAC

Je les aime trop pour ne pas les éclairer par mes votes, et je vais leur déclarer loyalement qu'ils ne peuvent pas compter sur la réunion Flavignac ; ça les fera réfléchir.

MARTHE

Tout n'est donc pas fini?

FLAVIGNAC

Non, tout n'est pas fini : non, grâce au ciel, tout n'est pas fini. Les choses ne marchent pas si vite. Jette cette liste au feu.

MARTHE *

Bien, papa. Qui inviterons-nous maintenant?

FLAVIGNAC

Personne.

MARTHE

Mais le dîner que vous avez commandé chez Potel?

FLAVIGNAC

Je le mangerai seul, puisque je suis seul... seul et indépendant. Je le leur prouverai. Je vais remettre ma jaquette !

(Il entre dans sa chambre.)

MARTHE, courant ouvrir la porte du cabinet. **

Ne remuez pas, ne toussez pas, ne faites pas de bruit avec vos journaux !

ALCIDE, passant la tête.

Où est monsieur votre père?

MARTHE

Il remet sa jaquette. Le ministère est renversé : papa est de bonne humeur; je vais essayer de lui parler de vous.

* Marthe, Flavignac.
** Alcide, Marthe.

ALCIDE

Oh ! je vous en prie.

MARTHE

Attendez sans bouger. (*Alcide éternue.*) Vous éternuez

ALCIDE

C'est que ce cabinet est plein de poussière.

(Il éternue de nouveau.)

MARTHE

Encore ! mais prenez garde, prenez donc garde.

(Elle referme vivement la porte au moment où Flavignac paraît de l'autre côté.)

FLAVIGNAC *

Maintenant je suis à mon aise.

MARTHE, le tenant éloigné du cabinet de travail.

Ce qu'il vous faudrait à vous, c'est un ami dévoué, qu vous ferait connaître ; vous êtes trop modeste.

FLAVIGNAC

Oui, certainement, il me faudrait un ami... comme tu dis.

MARTHE

Ou un ennemi converti, ce serait encore mieux.

FLAVIGNAC

Elle a le sens politique, cette petite.

MARTHE

Un concurrent par exemple ; votre concurrent aux dernières élections.

* Marthe, Flavignac.

FLAVIGNAC

Chamboret !

MARTHE

Ou un de ses parents.

FLAVIGNAC

Des misérables !

MARTHE

Oh ! papa !

FLAVIGNAC

Ils ont envoyé une protestation contre mon élection.

MARTHE

Est-ce possible ?

FLAVIGNAC

Sans valeur, du reste. Je serai validé un de ces jours :
on sait que j'ai été porté par le vœu spontané des populations. Mais tous ces Chamboret sont des paltoquets,
dont je me vengerai un jour ou l'autre ; ne me parle
jamais de ces coquins. Mais ça me rappelle que je n'ai
pas expédié ma lettre à mes électeurs.

(Il se dirige vers son cabinet.)

MARTHE, effrayée.

Où allez-vous ?

FLAVIGNAC

Je vais chercher ma lettre dans mon cabinet.

MARTHE

Vous n'avez pas le temps. Votre place est à la Chambre,
au moment d'une crise !

FLAVIGNAC

Oui, mais je tiens beaucoup à expédier aujourd'hui même ma lettre à mes électeurs, parce qu'on ne sait pas ce qui peut arriver demain.

MARTHE

Elle ne vaut plus rien.

FLAVIGNAC, étonné.

Qui a dit cela?

MARTHE

Vous écrivez que vous êtes inébranlable dans vos convictions.

FLAVIGNAC

Eh bien?

MARTHE

Eh bien, vous avez changé trois fois de groupe.

FLAVIGNAC

J'écris que je ne change pas, parce que je change; sans cela je n'aurais pas besoin d'écrire.

(Il se dirige vers son cabinet.)

MARTHE *

Je vous préviens, papa, que, si vous entrez, vous serez retenu.

FLAVIGNAC

Par quoi?

* Flavignac, Marthe.

MARTHE

Par... par le père Grenoux.

FLAVIGNAC, baissant la voix.

Il est ici ?

MARTHE

Oui.

FLAVIGNAC.

Je le croyais au tribunal.

MARTHE

Moi aussi.

FLAVIGNAC.

Et il s'est installé dans mon cabinet ?

MARTHE

Vous savez bien qu'il se croit chez lui.

FLAVIGNAC

Mais c'est insupportable, à la fin !

MARTHE, effrayée.

Il va vous raconter son procès.

FLAVIGNAC, baissant toujours la voix.

Oh ! je n'entre pas, je n'entrerai à aucun prix ; ne lui dis pas que je suis venu.

MARTHE

Soyez tranquille.

Flavignac se dirige à pas de loup vers la porte du fond, qui s'ouvre,
et il se trouve en face du père Grenoux.)

SCÈNE CINQUIÈME

MARTHE, FLAVIGNAC, GRENOUX.

FLAVIGNAC

Ah !

MARTHE

Le père Grenoux !

GRENOUX, avec joie.

Mon député !

(Il va déposer son chapeau sur la cheminée, qu'il a époussetée avec soin.)

FLAVIGNAC, à Marthe *.

Que me disais-tu qu'il était dans mon cabinet ?

MARTHE, très-embarrassée.

J'avais cru l'entendre.

FLAVIGNAC

Il y a donc quelqu'un ?

MARTHE

Oh ! non. (*Vivement*) Vous n'avez pas salué le père Grenoux, il se formalisera.

FLAVIGNAC

C'est juste.

(Il va vers le père Grenoux.)

* Grenoux, Flavignac, Marthe.

GRENOUX

Oh ! notre député, que je suis content de vous voir !

FLAVIGNAC

Et moi donc, père Grenoux, et moi !

GRENOUX

Il m'est arrivé un accident.

FLAVIGNAC

Où donc ?

GRENOUX

Au tribunal.

FLAVIGNAC

Quel accident ?

GRENOUX

J'ai appelé l'avoué du gouvernement : cafard.

FLAVIGNAC

Encore ?

GRENOUX

C'est la première fois, notre député.

FLAVIGNAC

I 'autre jour, vous avez appelé l'avocat : crétin.

GRENOUX

Je ne peux pas souffrir l'injustice, moi.

FLAVIGNAC

Vous êtes vif, père Grenoux !

GRENOUX

On est vif quand on est dans son droit, et je suis dans mon droit. Et puis vous êtes là, mon député, vous êtes là.

FLAVIGNAC

Certainement, je suis là.

GRENOUX

Vous ne laisseriez pas un électeur dans l'embarras?

FLAVIGNAC

Mais s'il y a récidive?

GRENOUX

Mon député, je vais vous conter la chose.

FLAVIGNAC

Plus tard, mon bon Grenoux ; on m'attend à la Chambre, et il faut que j'entre dans mon cabinet.

GRENOUX

Ce ne sera pas long.

MARTHE, bas à Flavignac.

Ne le contrariez pas.

GRENOUX, prenant Flavignac par le bouton de sa jaquette et ne le lâchant plus,

Or donc, il y a un Grenoux qui est mort à Versailles...

FLAVIGNAC

Sans héritiers, je sais cela.

GRENOUX

Mais non, pas sans héritiers, puisque j'ai hérité.

FLAVIGNAC

Précisément! Vous vous êtes emparé de l'héritage.

GRENOUX

Emparé! C'est pour ce mot-là que j'ai appelé l'avoué du gouvernement : cafard.

FLAVIGNAC

Calmez-vous, père Grenoux. L'État prétend que la succession lui revient, comme n'appartenant à personne.

GRENOUX

Et je soutiens, moi, qu'elle m'appartient.

FLAVIGNAC

Voilà le procès.

GRENOUX

Mon avocat m'a juré que je le gagnerais, si je trouvais seulement quelqu'un qui pourrait affirmer au tribunal... que le Grenoux qui est défunt était bien mon parent.

FLAVIGNAC

Un faux témoin?

GRENOUX, continuant.

Je lui ai répondu que j'avais notre député.

FLAVIGNAC

Je ne puis pas affirmer que vous êtes parent; je n'en sais rien.

GRENOUX

Oh! mon député, vous qui savez tout!

FLAVIGNAC

N'exagérons pas.

GRENOUX

On vous a nommé à cause de ça. On imprimait :
Nommons Flavignac, il connait nos besoins, il connaît...
il connaît... tout, quoi! — Et vous ne sauriez pas que
j'étais parent du Grenoux qui est défunt, quand je vous le
dis?

FLAVIGNAC

Votre nom s'écrit avec un x, et l'autre n'avait pas d'x.

GRENOUX

Vous dites comme l'avocat du gouvernement. Je lui ai
crié : Ne faites donc pas tant d'embarras pour une misérable lettre, qui est même dans les dernières de l'alphabet!
Et le président m'a interdit la parole. Ils s'entendent tous
pour me reprendre un pauvre héritage que j'avais recueilli
pour ma fille; mais vous êtes là, mon député, vous êtes
là.

FLAVIGNAC

Comptez sur moi dans toutes les limites que me trace
ma conscience.

GRENOUX

Vous êtes un bon député, vous. Vous vous occupez
de vos électeurs.

FLAVIGNAC

Si je m'en occupe! Je vais vous montrer la lettre que
e leur écris.

MARTHE, vivement.

Je vais aller la chercher.

FLAVIGNAC, la retenant.

Tu ne sais pas où elle est. (*A Grenoux*) C'est vous qui la lirez le premier.

(Il entre dans le cabinet, à gauche.)

MARTHE, effrayée.

Oh! mon Dieu!

GRENOUX

Merci, notre député.

MARTHE

Il va voir Alcide!

GRENOUX, criant *.

Pas d'x, pas d'x! Pourquoi ce Grenou, qui n'avait pas d'x, avait-il des champs dans ma commune? Voilà ce qu'il faut dire!

(Il met des morceaux de sucre dans sa poche.)

FLAVIGNAC, revenant**.

Qui diable a mis tant de journaux dans mon cabinet?

MARTHE, tremblante.

C'est moi, papa.

FLAVIGNAC

Il y en a partout. Et quel est ce nouveau meuble que tu as acheté?

* Marthe, Grenoux.
** Marthe, Flavignac, Grenoux.

MARTHE

Ce nouveau meuble?

FLAVIGNAC

Une espèce de pouf en dos d'âne.

MARTHE, à part.

C'est Alcide!

FLAVIGNAC

Recouvert d'un tapis?

MARTHE, à part.

C'est lui! (*Haut*) Oui, papa, oui, c'est un nouveau modèle, un échantillon. (*Bas*) Débarrassez-vous vite du père Grenoux, pour aller à la Chambre.

FLAVIGNAC, bas.

C'est qu'il me prend par le bouton de ma jaquette; c'est très-incommode. (*Haut*) Tenez, père Grenoux, voici votre exemplaire : « Inébranlable dans mes convictions... »

GRENOUX, prenant l'exemplaire sans le lire.

Oh! ça! oh! ça! oui; quand vous avez dit quelque chose, c'est dit. Et si vous disiez aux juges que je suis le parent du défunt...

FLAVIGNAC

J'étudierai l'affaire; mais pardonnez-moi si je vous quitte. Je suis appelé à la Chambre par des questions de la plus haute importance pour le pays.

MARTHE

Mais, papa...

FLAVIGNAC

Je tiens à lui dire ça, — de la plus haute importance pour le pays. Vous ne voulez pas que je trahisse mon mandat?

GRENOUX

Ne le trahissez pas, mon député. Recommandez au gouvernement de ne pas taquiner un pauvre électeur, maire de sa commune.

FLAVIGNAC

Comptez sur moi. Mais, en ce moment, les plus graves intérêts sont en jeu, et vous comprenez que je dois être à mon poste, — je tiens à lui dire ça, — vous qui êtes patriote !

GRENOUX

Oui, je suis patriote. Voilà pourquoi je ne veux pas que le gouvernement se rapetisse en me disputant trois pauvres champs, dont un de luzerne.

FLAVIGNAC

N'oubliez pas que vous nous avez donné pour mission...

MARTHE

Mais...

FLAVIGNAC

Je tiens encore à lui dire ça, — que vous nous avez donné pour mission d'augmenter les ressources, en équilibrant le budget.

GRENOUX

Augmentez l'impôt sur les allumettes; moi, je me sers d'amadou. Mais il ne faut pas dépouiller un pauvre père de famille, qui a toujours bien voté.

FLAVIGNAC

Voyons, père Grenoux, vous êtes riche?

GRENOUX

Ce n'est pas une affaire d'argent.

FLAVIGNAC

Comment?

GRENOUX.

C'est une affaire de sentiment.

FLAVIGNAC

Vous ne connaissiez pas le défunt?

GRENOUX

Je ne parle pas du défunt, mais des champs... (*Avec émotion*) Ces pauvres champs.

(Il prend son mouchoir de poche.)

FLAVIGNAC, bas à Marthe.

Console-le. Je m'esquive.

(Il s'échappe par le fond.)

GRENOUX, continuant.

Ces pauvres champs où j'ai planté moi-même des petites betteraves... toutes roses, avec des petits navets tout jaunes!... Ça pousse si gentiment! (*Avec des larmes*) Ça vous a déjà de si jolies petites feuilles, toutes vertes! Et on voudrait m'en séparer! (*Avec énergie*) Mais vous êtes là, mon député; vous êtes... Il n'y est plus, notre député?

(Il se précipite à la poursuite de Flavignac.)

SCÈNE SIXIÈME

MARTHE, puis ALCIDE.

MARTHE, seule.

Comment n'a-t-il pas découvert Alcide?

(Elle va ouvrir la porte du cabinet de travail, Alcide paraît.)

ALCIDE

Ils sont partis?

MARTHE

Oui.

ALCIDE, entrant *.

Oh! que j'ai eu peur!

MARTHE

Pas plus que moi. Je tremblais comme la feuille. Et je mentais! je mentais! Voilà à quoi l'on est exposée quand on est la fille d'un homme politique.

ALCIDE

Moi, je n'ai eu que le temps de jeter un tapis sur mon dos et de me mettre à genoux, en me dissimulant sous mes journaux. — Mais je connais à fond le groupe Lalubize : Nous demandons avec instance qu'il soit donné une plus vive impulsion...

MARTHE

Ce n'est plus cela.

* Alcide, Marthe.

ALCIDE

Comment?

MARTHE

Nous n'appartenons plus au groupe Lalubize.

ALCIDE, interdit.

Ah! bah!

MARTHE

Papa a formé un groupe à lui tout seul.

ALCIDE

Alors, pour connaître sa nouvelle nuance ?...

MARTHE

Il faudrait la lui demander.

ALCIDE

Je ne peux pas, moi.

MARTHE

Oh! non.

ALCIDE

Mais vous, mademoiselle ?

MARTHE

Ce serait inutile, maintenant.

ALCIDE

Pourquoi ?

MARTHE

Parce que votre père a envoyé à la Chambre une protestation contre l'élection de papa.

ALCIDE

Ce n'est pas lui, mademoiselle ; je vous jure que ce n'est pas lui.

MARTHE

Lui ou ses partisans, l'effet est le même. — Monsieur Alcide, nous ne devons plus nous revoir.

ALCIDE

Oh ! mademoiselle Marthe !

MARTHE

Nous sommes martyrs de nos convictions.

ALCIDE

C'est bien dur, quand on n'en a pas.

MARTHE

Et je n'ai plus qu'une prière à vous adresser.

ALCIDE

Parlez, mademoiselle.

MARTHE

Ne dites jamais que j'ai consenti à vous recevoir.

ALCIDE

Je vous le jure.

SCÈNE SEPTIÈME

MARTHE, ALCIDE, GRENOUX.

GRENOUX, paraissant au fond *.

Monsieur Alcide !

---

* Alcide, Marthe, Grenoux.

MARTHE

Il vous connaît ?

ALCIDE

Oui.

MARTHE

Nous sommes perdus.

GRENOUX *

Monsieur Alcide Chamboret ! chez notre député !

ALCIDE

Oui, père Grenoux, oui, vous allez bien?

MARTHE

Monsieur Alcide vient d'entrer.

GRENOUX

Il est donc entré par la fenêtre ?

ALCIDE

Comment, par la fenêtre?

MARTHE

Mais non, père Grenoux.

GRENOUX

J'étais sur le palier à causer avec mon député.

MARTHE, interdite.

Ah !

ALCIDE, décontenancé.

Ah !

* Alcide, Grenoux, Marthe.

GRENOUX

Que je suis donc fâché d'être revenu !

MARTHE

Pourquoi ?

ALCIDE

Pourquoi ?

GRENOUX

Parce que j'ai vu monsieur Alcide.

MARTHE

Eh bien ?

GRENOUX

Eh bien, notre député aura peur que je raconte dans le pays que j'ai trouvé chez lui le fils de M. Chamboret.

ALCIDE, vivement.

D'abord, moi, père Grenoux, je n'ai pas d'opinion.

GRENOUX

Oh ! il ne faut pas dire ça, monsieur Alcide ; votre papa mettait dans ses affiches : « Ces principes sont dans « mon sang : ils m'ont été transmis par mon père, comme « je les ai transmis à mon fils. »

ALCIDE

Papa se vante ; il se vante, papa.

GRENOUX *

Fallait le dire. Mais c'est tout de même dur de penser que de pauvres électeurs se cassent des bras et des

* Alcide, Marthe, Grenoux.

jambes pour leur candidat, pendant que les candidats se donnent des poignées de main en cachette.

MARTHE, avec un sérieux comique.

Eh bien! non, père Grenoux, je ne veux pas qu'on accuse papa de manquer de sincérité dans ses convictions. Il ne sait pas que M. Chamboret est ici.

GRENOUX

Ah! le papa ne le sait point?

MARTHE

C'est moi seule que monsieur Alcide venait voir.

ALCIDE, bas à Marthe.

Vous allez vous compromettre.

MARTHE, de même.

L'important, c'est que papa ne soit pas compromis comme député.

ALCIDE

Mais vous, mademoiselle?

MARTHE

Moi, je ne suis qu'une femme. (*Haut à Grenoux*) C'est moi qui ai fait cacher monsieur Alcide.

ALCIDE

Parce que j'ai eu peur.

MARTHE

Parce que je savais que mon père aurait jeté par la fenêtre le fils de son adversaire; vous voyez, père Grenoux, que vous vous trompiez tout à fait.

GRENOUX

Oui, mamzelle. Alors comme ça, notre député ne connaît pas monsieur Alcide ?

MARTHE

Il ne l'a jamais vu, et je vous prie de me garder le secret.

GRENOUX

Oh ! mamzelle, du moment qu'il y a du mystère...

MARTHE

Il n'y en a plus pour vous.

GRENOUX

Oh ! non, je comprends.

MARTHE

A la bonne heure.

GRENOUX

Je comprends que la jeunesse, c'est la jeunesse.

MARTHE

Mais vous êtes notre ami, père Grenoux ?

GRENOUX

Oh ! oui, mamzelle.

ALCIDE

Et le mien aussi, père Grenoux.

GRENOUX *

Oh ! oui, monsieur Alcide.

* Alcide, Grenoux, Marthe.

MARTHE

Il a un procès, ce pauvre père Grenoux !

ALCIDE

Bah !

GRENOUX, à Alcide.

Je plaide avec le Gouvernement.

MARTHE

On lui dispute trois pauvres petits champs.

GRENOUX

Dont un de luzerne.

ALCIDE

Oh !

MARTHE

Qu'il a plantés lui-même, ce pauvre père Grenoux !

GRENOUX

Oui, monsieur Alcide, moi-même, de mes propres mains ; ça prouve bien qu'ils m'appartiennent.

ALCIDE

Certainement, ça le prouve.

MARTHE

Il y a mis de petites betteraves toutes roses et de jolis petits navets tout jaunes, qui ont déjà de petites feuilles...

GRENOUX

Et on voudrait me reprendre ça, monsieur Alcide !

MARTHE

C'est une abomination.

ALCIDE

Une vraie abomination.

GRENOUX

Mais je gagnerais, si notre député voulait seulement venir au tribunal.

MARTHE

Il ira, père Grenoux.

GRENOUX

Vous l'y déciderez, mamzelle Marthe?

MARTHE

Je vous le promets.

GRENOUX

Alors, si on le faisait demander?..

MARTHE

Vous pourriez compter sur lui. Il vous l'a dit et papa n'a qu'une parole.

GRENOUX

Et puis, mamzelle Marthe, vous êtes si bonne et si adroite!

MARTHE

Vous prendriez bien un biscuit, père Grenoux?

GRENOUX

Oui, mamzelle, ça me remettra.

(On l'installe à la table de gauche.)

MARTHE*

Monsieur Alcide, versez un verre de chartreuse au père Grenoux.

GRENOUX, assis.

J'aimerais mieux du rhum.

MARTHE, à Alcide.

Du rhum !

ALCIDE

Bien, mademoiselle.

GRENOUX, à part, les regardant en dessous.

Ils sont bien aimables, pour des gens qui n'ont rien à se reprocher.

(Marthe et Alcide préparent le rhum et les biscuits de l'autre côté de la scène.)

MARTHE, bas **.

Dans quelle situation nous sommes-nous mis !

ALCIDE

Dites-moi ce qu'il faut faire.

MARTHE

Je ne sais pas.

ALCIDE

Moi non plus.

(Ils reviennent à Grenoux.)

MARTHE, apportant du rhum.

Voici, père Grenoux.

* Marthe, Grenoux, Alcide.
** Grenoux, Marthe, Alcide.

ALCIDE, apportant des biscuits.

Voilà, père Grenoux.

GRENOUX, assis*, après avoir bu.

J'aurais préféré du cassis.

(Il mange.)

MARTHE

Je n'en ai pas, mais j'ai du curaçao.

(Alcide court à la console.)

GRENOUX

Avec de l'anisette, alors?

MARTHE

De l'anisette ? je vais en chercher.

(Elle sort vivement par la droite.)

GRENOUX, à part, en mangeant.

C'est égal, si j'écrivais dans le département que le fils
de M. Chamboret boit du rhum chez notre député, ils ne
seraient plus nommés ni l'un ni l'autre, les deux papas. —
Et si je me portais maintenant, pour représenter l'agri-
culture, j'aurais des chances.

(Marthe rentre.)

ALCIDE, à Marthe **.

Pardonnez-moi, mademoiselle Marthe. Je suis cause
de tout.

MARTHE

Le mal est fait maintenant.

* Marthe, Grenoux, Alcide.
** Grenoux, Marthe, Alcide.

ALCIDE

Si je menaçais ce vieux coquin de lui tirer les oreilles !

MARTHE

Gardez-vous-en. Le plus sage est de vous retirer pour ne jamais revenir. (*Avec effroi*) Voici papa !

SCÈNE HUITIÈME

LES MÊMES, FLAVIGNAC.

FLAVIGNAC, entrant par le fond, toujours empressé*.

Marthe, nous allons au bal du marquis de Beausemblant. (*Apercevant Alcide*) Ah ! pardon !

MARTHE, à part.

Que dire ?

GRENOUX, bas.

Je vais vous aider. (*Haut*) Monsieur vient d'entrer, c'est moi qui l'ai reçu.

FLAVIGNAC, à part.

Il boit mes liqueurs maintenant !

GRENOUX

Il vient voir notre député.

FLAVIGNAC, se rengorgeant et saluant.

Monsieur !

* Grenoux, Marthe, Flavignac, Alcide.

GRENOUX

Il va comme ça chez les députés, chez tous les députés.

FLAVIGNAC, vivement.

Ah! très-bien. Veuillez vous asseoir, monsieur; on m'avait annoncé votre visite.

ALCIDE, étonné.

Ah !

FLAVIGNAC, à Alcide.

Vous avez déjà vu plusieurs de mes collègues?

ALCIDE

Moi? oui... oui... oui...

FLAVIGNAC, bas, en lui serrant la main.

J'apprécie votre discrétion. (*Il va se faire un verre d'eau sucrée*) Je vous demande pardon, je viens de la Chambre.

GRENOUX, * bas à Alcide.

Répondez-lui quelque chose.

ALCIDE

Quoi?

GRENOUX

N'importe.

ALCIDE

Pour qui me prend-il?

____

* Marthe, Grenoux, Alcide, Flavignac.

GRENOUX *

Je l'ignore, moi... mais c'est égal, allez toujours. (*Allant à Flavignac*) Vous voyez bien que vous savez tout, notre député. Vous savez pourquoi monsieur est venu, sans qu'il vous le dise.

FLAVIGNAC

J'étais prévenu. (*Prenant une lettre et la lisant*) « Mon- « sieur le député, je prépare une biographie impartiale « de tous les membres de la Chambre ; un de mes rédac- « teurs aura l'honneur de se présenter chez vous : je « vous prie de lui faire bon accueil... » Comment ne pas lui faire bon accueil ?

GRENOUX

Alors ce jeune homme vient ?...

FLAVIGNAC

Me demander quelques renseignements pour ma biographie.

GRENOUX

Ah !

FLAVIGNAC

Je voudrais les lui refuser, mais... j'appartiens à l'histoire.

GRENOUX

Oui, notre député. (*A part*) Maintenant, qu'ils se débrouillent ! (*En allant reprendre son chapeau*) Ils ont l'air de ne pas se connaître ; ils se connaissent peut-être : ça a de ces malices-là, les bourgeois.

* Marthe, Alcide, Grenoux, Flavignac.

FLAVIGNAC

Vous partez, père Grenoux?

GRENOUX

Oui, notre député, je vais au tribunal.

FLAVIGNAC, le présentant.

Le père Grenoux, maire de Landernas, un de nos maires les plus distingués, mon meilleur électeur, le plus influent et le plus sûr.

GRENOUX

Notre député me flatte.

FLAVIGNAC

Non, père Grenoux, non, je ne vous flatte pas.

GRENOUX

Je vais au tribunal.

(Il sort par le fond.)

SCÈNE NEUVIÈME

FLAVIGNAC, ALCIDE, MARTHE.

FLAVIGNAC, à Alcide. *

Je sais que vos instants sont précieux. Permettez-moi de dire un mot à ma fille, et je suis tout à vous.

ALCIDE

Ne vous gênez pas, je vous en prie.

* Alcide, Flavignac, Marthe.

FLAVIGNAC, en aparté avec Marthe.

Ma chère enfant, nous allons ce soir au bal.

MARTHE

Chez monsieur de Beausemblant?

FLAVIGNAC

Oui.

MARTHE

Vous disiez que c'était un bal d'opposition.

FLAVIGNAC

Je suis de l'opposition en ce moment.

MARTHE

Mais vous avez refusé, il y a huit jours!

FLAVIGNAC

J'ai écrit que je craignais de ne pouvoir répondre à
l'aimable invitation, parce que ma fille était un peu souffrante. Tu étais souffrante, tu ne l'es plus, nous allons au
bal et le groupe Flavignac se dessine. Va vite t'occuper de
ta toilette.

MARTHE

Mais, papa...

FLAVIGNAC

Il faut que je reste un instant avec monsieur.

MARTHE

Alors...

FLAVIGNAC

Va, va vite.

MARTHE, en sortant.

Mon Dieu ! que vont-ils se dire ?

(Elle entre à droite.)

SCÈNE DIXIÈME

FLAVIGNAC, ALCIDE.

FLAVIGNAC *

Je reconnais, monsieur, toute l'importance de la mission que vous vous êtes imposée.

ALCIDE, à part.

Qu'est-ce que cela peut bien être ?

FLAVIGNAC

Vous voulez apporter votre pierre à l'histoire politique de notre époque.

ALCIDE, de même.

Quelle pierre ?

FLAVIGNAC

Mon plus vif désir serait de maintenir dans l'ombre mon humble personnalité, mais je n'ai pas le droit de me soustraire à vos investigations. Je vous appartiens.

(Il installe Alcide à la table de gauche.)

ALCIDE, très-étonné.

Je vous remercie, monsieur.

* Alcide, Flavignac.

FLAVIGNAC

J'avais préparé quelques notes.

ALCIDE, de même.

Ah !

FLAVIGNAC

Pour simplifier votre tâche.

ALCIDE, cherchant toujours à comprendre.

Vous êtes trop bon.

FLAVIGNAC, s'asseyant près de lui.

Tenez-vous à avoir la date exacte de ma naissance ?

ALCIDE

Non.

FLAVIGNAC

Quelques collègues mettent : Né vers 1830. J'aime assez cette formule.

ALCIDE

Moi aussi.

FLAVIGNAC

Très-bien. Je n'ai rappelé dans mes notes que les faits importants. Bachelier à seize ans ; prix de discours latin ; père éminent, mère éminente ; nourri par une chèvre, c'est caractéristique, je tiens beaucoup à cela. A vingt ans, je sauvais dix-neuf moutons dans un incendie. A trente, j'arrachais des flots un gendarme qui, en pêchant à la ligne, s'était laissé entraîner par une carpe, et j'étais sauvé moi-même par un terre-neuve, devenu légendaire. Mais passons sur ces traits de courage, trop connus dans le pays,

et que je relate seulement pour rendre hommage à la
vérité. Ce qui intéresse le public de nos jours, c'est le
côté anecdotique, et j'ai pensé que vous me prieriez de
vous conter quelques incidents de ma vie de jeune
homme : voilà pourquoi j'ai renvoyé ma fille.

ALCIDE

Ah !

FLAVIGNAC

J'ai beaucoup plu aux femmes. Dans le canton où j'ai
ma principale résidence...

ALCIDE, à part.

Blonval !

FLAVIGNAC, continuant.

Je ne le désignerai pas autrement, — il y avait un juge
de paix.

ALCIDE, à part.

Mon oncle !

FLAVIGNAC

Nous mettrons : Un notable. Je passais toutes les nuits
par la lucarne du grenier pour aller voir sa femme.

ALCIDE, à part.

Ma tante !

FLAVIGNAC

Et, afin d'étouffer le bruit de mes pas, j'avais imaginé
d'imiter le chat ; j'imite très-bien le chat. S'il m'arrivait
de renverser quelque meuble, un miaou formidable cou-

vrait ce tapage insolite. C'était fort drôle. Je vous donne
cela pour amuser vos lectrices.

ALCIDE, à part.

Mes lectrices? Il veut que je raconte que ma tante...
oh !

FLAVIGNAC

Depuis, je suis devenu député ; mais le juge de paix
est resté mon ami.

ALCIDE, à part.

Pauvre oncle !

FLAVIGNAC

Et il a voté pour moi, bien qu'il soit le cousin germain
de mon adversaire. Je ne vous raconterai pas les nombreuses aventures qui ont émaillé le printemps de ma vie.
J'ai beaucoup plu aux femmes... Vous me voyez au nez
une cicatrice ?... On ne la voit peut-être plus ; c'est égal,
vous pouvez la noter : elle rappelle un combat terrible que
me livra un mari jaloux, sur les toits ; nous avions arraché
chacun un paratonnerre, et j'eus la narine transpercée.
J'étais svelte alors, élégant et beau diseur. Je ne vous
oblige pas de dire cela ; je ne demande qu'à rester dans
l'ombre, mais c'est par ces menus détails qu'on donne à
une physionomie toute sa couleur. J'ai beaucoup joué la
comédie de salon, je représentais Agamemnon avec
quelque succès.

« Oui, c'est Agamemnon, c'est ton roi qui t'éveille ;

« Viens, reconnais la voix qui frappe ton oreille. »
Je me préparais ainsi aux luttes de la tribune. On dit que
je suis très-éloquent... dans les commissions. (*Avec modestie*) Ce sont des amis sans doute, et j'ai trop de modestie

pour me prononcer moi-même. J'ai noté : Très-éloquent,
— c'est pour mémoire, vous apprécierez. Mais, puisque
nous rentrons dans ma vie politique, je veux appeler ma
fille.

(Il remonte.)

ALCIDE, stupéfait.

Pourquoi me raconte-t-il tout cela?

FLAVIGNAC, ouvrant la porte à droite.

Marthe, tu peux rentrer, mon enfant.

SCÈNE ONZIÈME

FLAVIGNAC, ALCIDE, MARTHE.

MARTHE, rentrant. *

Me voici, papa.

FLAVIGNAC, à Marthe, en montrant Alcide.

Ne dérange pas monsieur, il prend des notes pour ma
biographie.

ALCIDE, comprenant enfin.

Ah!
(Il se lève).

FLAVIGNAC

Tu sais combien j'aime à rester dans l'ombre, mais
j'appartiens à l'histoire.

ALCIDE, reprenant son aplomb.

Oui, monsieur, oui, vous lui appartenez.

* Alcide, Flavignac, Marthe.

FLAVIGNAC

Monsieur prépare une biographie impartiale et sincère de tous les membres de la Chambre. Il daigne me demander quelques faits saillants de mon existence.

ALCIDE

Le plus possible. Tout intéresse chez un homme de mérite.

FLAVIGNAC

Tu l'entends, mais il est bien embarrassant de parler de soi. Ne pourrais-tu pas nous aider de tes souvenirs?

ALCIDE

Je vous en supplie, mademoiselle.

MARTHE

Vous parlerez à monsieur des dix-neuf moutons...

FLAVIGNAC

J'en ai déjà parlé.

MARTHE

Et du gendarme que vous avez sauvé...

FLAVIGNAC

Je l'ai déjà raconté.

MARTHE

Ah! (*Elle cherche.*)

FLAVIGNAC

Tu ne trouves pas autre chose?

MARTHE

Je cherche, papa.

FLAVIGNAC, *cherchant aussi.*

Il doit y avoir autre chose.

ALCIDE

Ne négligez rien, monsieur, je vous en prie.

FLAVIGNAC

Je ne veux rien négliger. (*Cherchant toujours*) Au collége, j'ai composé une pièce de vers en l'honneur du... de... (*A part*) Mais il vaut mieux n'en point parler, ça engage.

ALCIDE, à part.

Cette fois, je saurai son opinion. (*Haut*) J'ai d'abord à vous adresser une question extrêmement importante.

FLAVIGNAC

Parlez, monsieur.

ALCIDE

Votre biographe doit nécessairement connaître votre nuance en politique.

FLAVIGNAC, *avec importance.*

Vous voulez connaître mon opinion? Je ne la cache pas, moi, monsieur. Je ne suis pas de ceux qui se laissent prendre aux flatteries des pouvoirs. Mon opinion... (*Un domestique lui apporte un billet, qu'il ouvre vivement.*) « Monsieur Flavignac est prié de rester chez lui : le « Président va le faire appeler. » (*A Alcide*) Mon opinion, je vous la dirai ce soir.

ALCIDE

Ah !

MARTHE, à part.

Qu'est-il arrivé ?

FLAVIGNAC, à part.

Le Président ! Je suis ministre ! (*Haut*) Excusez-moi,
monsieur, si je suis forcé d'interrompre notre entretien...

MARTHE

Qu'avez-vous donc, papa ?

FLAVIGNAC

Rien, ma fille, rien, un peu d'émotion.

ALCIDE

Je me retire.

FLAVIGNAC

Vous pouvez rester. Ce n'est pas un mystère... d'autant
que ce billet appartient déjà à l'histoire. On va me faire
appeler à la Présidence.

MARTHE

Vous, papa ?

FLAVIGNAC

Oui, ma fille.

ALCIDE

Vous, monsieur ?

FLAVIGNAC

Oui, mon cher biographe ; vous ne vous doutiez pas
tout à l'heure que vous causiez avec un futur ministre ?

ALCIDE

Comment !

MARTHE, avec joie.

Vous êtes ministre ?

FLAVIGNAC

Pas encore, ma fille, pas encore. On va m'offrir un ministère, mais l'accepterai-je ?

MARTHE

Vous hésiteriez ?

FLAVIGNAC

Ma santé me permettra-t-elle de supporter ce terrible fardeau ?

MARTHE

Vous avez une santé excellente.

FLAVIGNAC

Ne crois pas cela. Je sais bien qu'on fera appel à mon dévouement, il sera difficile de résister.

MARTHE

Impossible.

FLAVIGNAC

Cependant le dévouement a des bornes. Et puis j'ai les goûts simples : j'aime à rester dans l'ombre, à vivre aux champs. Les grandeurs ne me touchent pas.

MARTHE

Mais songez donc...

FLAVIGNAC

Je songe à mon repos. On me dira que je suis un égoïste. Je répondrai... je sais bien que je serai embarrassé pour répondre... car enfin chacun de nous doit se sacrifier pour l'intérêt général.

MARTHE

Oh! oui, papa, oui, sacrifiez-vous.

FLAVIGNAC

Tu le veux ?

MARTHE

Oui, je le veux.

FLAVIGNAC

Je vais reprendre ma redingote.

MARTHE

J'irai vous la chercher.
(Elle entre vivement dans la chambre de Flavignac.)

FLAVIGNAC, à Alcide.

Si j'accepte, monsieur, ce sera pour ma fille, afin de la marier plus brillamment. Un beau-père ministre, cela flatte un gendre. Il y a tant de gens vaniteux à notre époque !

MARTHE, revenant joyeusement. *

Oh! papa, quand vous serez ministre...

FLAVIGNAC

Ma fille, je ferai de grandes choses.

* Alcide, Flavignac, Marthe.

MARTHE

Oh! oui, papa, vous serez généreux.

FLAVIGNAC

Magnanime.

MARTHE

Vous pardonnerez à vos adversaires.

FLAVIGNAC

A tous.

MARTHE

A vos ennemis politiques.

FLAVIGNAC

Je leur tendrai la main.

MARTHE

Monsieur Alcide, jetez-vous au cou de papa.

ALCIDE

Oh! monsieur!

FLAVIGNAC

Qui, Alcide? Quel Alcide?

MARTHE

C'est le fils de monsieur Chamboret.

FLAVIGNAC

Qui fait ma biographie?

ALCIDE

Oui, monsieur, oui; mais je n'ai pas d'opinion, ou plutôt j'ai les vôtres.

FLAVIGNAC

Mais c'est une surprise ! C'est un guet-apens !

ALCIDE

Vous avez promis d'être magnanime.

FLAVIGNAC

Je le serai : Louis XII ne vengera pas les querelles du duc d'Orléans. Mais si j'avais su que c'était vous, monsieur, qui étiez chargé d'écrire ma biographie, je... (*A part*) je ne lui aurais pas parlé de sa tante.

MARTHE

Vous aviez agréé monsieur Alcide avant les élections.

FLAVIGNAC

Mais tout a bien changé depuis, tout va changer encore.

MARTHE

Oh ! papa !

ALCIDE

Oh ! monsieur !

(On sonne.)

FLAVIGNAC

On vient me chercher.

(Marthe va vite ouvrir la porte du fond.)

MARTHE

C'est le père Grenoux.

SCÈNE DOUZIÈME

LES MÊMES, GRENOUX.

GRENOUX *

Eh bien! notre député, vous êtes prêt?

FLAVIGNAC

Oui, père Grenoux, oui, je suis prêt.

GRENOUX

Le président vous attend.

FLAVIGNAC

Je le sais.

GRENOUX

Vous lui direz que je suis parent du défunt.

FLAVIGNAC

A qui?

GRENOUX

Au président.

FLAVIGNAC

Quel président?

GRENOUX

Mon avocat vous a écrit que le président allait vous faire appeler.

FLAVIGNAC

C'était le président du tribunal?

* Alcide, Grenoux, Flavignac, Marthe.

GRENOUX

Dame! oui.

(Entre un domestique.)

FLAVIGNAC

C'était le président du tribunal! Ah!.. (*Le domestique lui remet une lettre.*) Une autre lettre! Celle-ci peut-être me rapporte l'espérance. (*La donnant à Marthe*) Lis, ma fille, je suis trop ému.

MARTHE, ouvrant la lettre.

C'est d'un collègue. (*Elle lit.*) « Mais que faites-vous « donc, cher ami? On a profité de votre absence pour « vous invalider. »

FLAVIGNAC, reprenant la lettre.

Invalidé! Je suis invalidé. Oh! c'est autre chose, cela; vous l'entendez, monsieur Chamboret?

ALCIDE *

Papa n'a point protesté, il renonce à sa candidature.

GRENOUX, à part.

J'étais bien sûr qu'ils se connaissaient.

FLAVIGNAC **

Père Grenoux, vous êtes électeur, et ce sont vos droits qu'on méconnaît.

GRENOUX

Oh! pas les miens, notre député. Je n'ai pas voté pour vous.

---

* Grenoux, Alcide, Flavignac, Marthe.
** Grenoux, Flavignac, Alcide, Marthe.

FLAVIGNAC

Hein ! et vous venez vous installer chez moi !

GRENOUX

Mais je m'en vais maintenant, et puisque la place est vacante, je vais me porter.

FLAVIGNAC, furieux.

Vous !

GRENOUX, à part.

Je ferai mieux mes affaires moi-même.

(Il remonte.)

FLAVIGNAC, saisissant Alcide par le bras. *

Monsieur Chamboret, unissons-nous contre ce coquin.

ALCIDE

Moi ?

FLAVIGNAC

Votez pour moi, et je vous donne ma fille.

ALCIDE

Oui, oui, unissons-nous.

MARTHE **

Mais vous suivrez les opinions politiques de papa ?

* Grenoux, Alcide, Flavignac, Marthe.
** Grenoux, Flavignac, Alcide, Marthe.

ALCIDE

A la piste.

FLAVIGNAC

Je peux me représenter fièrement devant mes électeurs.
J'ai porté mes convictions à gauche, à droite, au centre :
elles sont restées inébranlables!

La toile tombe.

TABLE

Paris. — Imprimerie JULES LE CLERE ET Cᵉ, rue Cassette, 29.